世图心理

博客：http://blog.sina.com.cn/bjwpcpsy
微博：http://weibo.com/wpcpsy

海灵格商业精英课

TOPICS OF BUSINESS
CONSULTANCY

成功与序位

海灵格组织系统排列的隐秘力量

［德］伯特·海灵格（Bert Hellinger）／著

邱俊铭／译

世界图书出版公司
北京·广州·上海·西安

## 图书在版编目（CIP）数据

成功与序位：海灵格组织系统排列的隐秘力量 /（德）伯特·海灵格（Bert Hellinger）著；邱俊铭译. —北京：世界图书出版有限公司北京分公司，2020.1（2025.2重印）
（海灵格商业精英课）

书名原文：Topics of Business Consultancy

ISBN 978-7-5192-6888-6

Ⅰ.①成… Ⅱ.①伯…②邱… Ⅲ.①成功心理－通俗读物 Ⅳ.①B848.4-49

中国版本图书馆CIP数据核字（2019）第232091号

| | |
|---|---|
| 书　　　名 | 成功与序位：海灵格组织系统排列的隐秘力量<br>CHENGGONG YU XUWEI |
| 著　　　者 | ［德］伯特·海灵格（Bert Hellinger） |
| 译　　　者 | 邱俊铭 |
| 责任编辑 | 王　洋 |
| 装帧设计 | 蔡　彬 |
| 出版发行 | 世界图书出版有限公司北京分公司 |
| 地　　　址 | 北京市东城区朝内大街137号 |
| 邮　　　编 | 100010 |
| 电　　　话 | 010-64038355（发行）　64037380（客服）　64033507（总编室） |
| 网　　　址 | http://www.wpcbj.com.cn |
| 邮　　　箱 | wpcbjst@vip.163.com |
| 销　　　售 | 新华书店 |
| 印　　　刷 | 三河市国英印务有限公司 |
| 开　　　本 | 880mm×1230mm　1/16 |
| 印　　　张 | 11.75 |
| 字　　　数 | 150千字 |
| 版　　　次 | 2020年1月第1版 |
| 印　　　次 | 2025年2月第4次印刷 |
| 国际书号 | ISBN 978-7-5192-6888-6 |
| 定　　　价 | 49.00元 |

**版权所有　翻印必究**
（如发现印装质量问题，请与本公司联系调换）

**我们的愿望**

愿求助者得到帮助,专业者得到提升

愿追求成长者得到领悟

愿世世代代的子孙得到益处

## 中文版序

很高兴我的多本新作在中国出版了。

家族系统排列的理论和方法已经被许多华人治疗师应用到专业助人领域。通过这些专业助人者的运用，系统排列帮助许多人跨越了生命中的障碍，走向了快乐、成功的生活。

像是重新发现中国古老的智慧一样，许多华人惊奇地见证了系统排列的洞见带来的惊人结果，而这些洞见所遵循的路径与古代老子的《道德经》所描述的"道"竟是一样的，因此华人对系统排列有一种特别的熟悉感，就好像回到自己的家一样。

感谢所有让这些书成功出版的贡献者与参与人员，包括在中国（包括台湾地区和香港地区）、马来西亚、新加坡，所有这些开疆辟土、带领系统排列发展、让许多人受益的先驱者，我真诚地尊敬和感谢你们的所有努力。

伯特·海灵格（Bert Hellinger）

# 导 言

本书是"海灵格商业精英课"系列的第三册。在本书中，我专注于影响组织成败的一些主题，因为人们常不了解或刻意忽略它们的意义。

每一个主题都跟当事人的家族有关，不论那是原生家庭还是现在的家庭，同时，这也包括前面世代以及平辈间的人际互动。

成功的序位在许多方面显示出爱的序位，就像包容的爱所呈现的序位那样，那份爱给予所有属于现在或过去的人以归属感，使他们有所属的位置与应有的权利。

本书超越商业咨询的狭窄框架，因为后者只专注于具体事实，而本书所指的咨询服务则包括了整个人生，并把企业与专业看作生命的一部分，为更大的整体提供相应的服务。

所以本书能够提供的内容，已超越实事求是的专业咨询与企业顾问，更能在我们的生命中做出视野宽阔的指引。

本书的实例摘录自近期在几个国家举办的"事业与专业的成功法则"课程。本书的议题具有多样性，使人们在面对相异的事件时，仍能搜寻相应的主题。你也能更容易地将这些洞见转换到自身情形、自家组织与自己的生命中去。

本书和"海灵格商业精英课"系列的前两本一样，也是智慧之书，它带我们进入内心深处，使我们知道处于源头的自己具有不同的联结形式，而在这种联结中我们会有不同的自由感受。

在一开始，许多洞见会使你感到震惊，但在后续的推展过程中，它们会呈现出抚慰人心的效果。它们所给予的是不同的爱，那是具有包容性质的爱。它们为那长久的分离提供和解与合一，并将人们引导到不同的成功那里去，那是更宽、更深、更丰富的成功。幸福也是如此。

伯特·海灵格（Bert Hellinger）

# 背 景

如何才能使隐藏的联结显露出来,好让我们清楚地看见它对于成败具有关键作用呢?

我们可借由新取向家族系统排列来回答这个问题。在这些仔细描述的实例里,你将看到它在特定状况下的意义与排列的执行过程,并且我会在排列结束后给出解释。如此,当你将其应用到个人的状况中时,就能在脑海中将这些明确的步骤加进来,并重新排演。

为了帮助你产生对整个过程的印象,我会简略解释它的程序。例如,从现有的团体中任意挑选出两个人作为"代表",其中一位(通常是女性)将代表某企业或特定专业,而另一位则代表对应的企业主或具有该专业或职责的特定对象。这些代表几乎或完全不知道关于该企业、专业或咨询对象的资讯。

代表们不久会呈现不属于自身的想法或个人意图的移动。他们移动的方式看起来就像有魔法在推动他们，使他们在参与者与咨询对象的面前演出一场戏。在移动中，某种隐藏的事物开始显露出来。这个咨询会在很短的时间内揭露这一切的根本原因，同时指出保障成功、避免失败的恰当解决方案。

例如那位扮演企业或特定专业的代表一直注视地面，甚至跪下来像要去某位躺着的"死者"那里。而那位扮演企业主或拥有特定专业的人的代表也一直受到地面的吸引，像要去某位看似躺着的人那里。

死者的身份无须被表明，秘密并不是在这里被揭露的。然而，排列清楚地指出某些人被遗漏了，那是咨询对象的家族里没有自身恰当位置的人。

本书的实例会帮助你深化并且了解这些理论。在这里，我只想让你看到，在阅读本书的过程中，你也能探索生命的全貌以及人们在生命中的经验与冒险，你也能朝着更为丰富的生命前景前进，而不是越走越窄。

## 在时间之流里重新定位

我们将时间分割为过去、现在与未来。那表示,时间是从我们的过去穿越到现在,并流向我们的未来。所以来自过去的它离开过去而流到此刻,并从此刻向将要成形的未来前进。这代表时间已经离开过去,处在当下,并朝着未来移动。

这是时间的线性意象。依照这意象,我们会往后瞧,也会往前看。处于现在的我们,会回顾,也会前瞻。

我们的生命与企业已与我们共同存在一阵子了,由于它们已在这里,所以我们能在它们里面移动。我们移动进它们的"现在",也移动进它们的"过去"。那"过去"活在现在里面,它仍在现在里面活着。在时间之流里,它无法消逝。"过去"是"现在"赖以建立的基础。若以生物学层次的意象来看，我们可以说"过去"是向"现在"供给养分的根。

当"过去"身为基础的功能开始有裂隙时，建在上面的"房屋"就会开始晃动，不久就会倒塌。如果主根已经开始腐烂，那么树木终究会倒，它的未来也跟着结束，不会有果实，也不会有种子。最后，它自己也消逝了。

当我们注视着自家企业并期许着成功时，应该看向哪里？我们应首先看向基础，因为它使我们知道"建筑物"可以建多高。从长远来看，这个基础够强吗？用另一种意象来看，我们得去检查"主根"，它从地底吸水上来的能力是否完好无损呢？其他的"根"是否能协助它稳固"树木"和滋养"树木"，支持"树木"的存活、成长并且结出"果实"呢？我们也许得实事求是，检查其基础的损伤是否已经巨大到无法长久地支撑该"建筑物"，或其"根系"是否已腐烂到"树木"无法存活的程度。

若从持续运作的角度来看，一家企业的基础是否坚固、"根部"是否健康等都会在系统排列之中显露出来。因此，首要焦点必定被放在过去某个导致序位错乱的事情上。在被揭露的同时，这件事也会显示出它能否被修复并回归到原有秩序，以及企业主是否有修复的能力与意愿，是否还有余地去修复，或者为时已晚。

排列也会显示出是否还有可以看见的新选项，例如新的事业，甚至是新的员工或新的计划。如果我们在这里能被引导进入未来，

# 在时间之流里重新定位

让过去留在过去,那么我们就能卸下过去的重担。

问题就在于处在这种情况下的企业主,能否从内在释放过去,真正地让它结束,使自己不再受到过去的牵累,从而为自己重新定位,全心全意朝下个目标前进。

"未来"会发生的事情持续地影响着当下,不断地被填入当下。所以时间是在哪里流动的呢?它是否同时处在过去、现在与未来呢?我们是否能让它在当下结束,并真正地让持续到来的时间在当下变成现实呢?

从某个角度来看,我们是被送到时间那里的。但从另一个角度来看,我们几乎是掌握着时间的。

所以时间是在何处流动或运转的呢?主要在我们自己身上。当我们掌握那被赐予我们的时间时,不论那是过去、现在还是未来,它都会侍奉着我们。当我们让它为我们设定局限时,它就限制了我们。当我们跟它一起看向前方,并让已经过去的时间顺利地支持我们时,它就会带着我们超越过去的限制。

# 目 录
Contents

 **主题 一　成功与母亲** / 001

　　心的纯真 / 003

　　实例：现在我是富有的 / 005

 **主题 二　那些孩子去哪里了？** / 017

　　他们去哪里了？我们往哪里去呢？ / 019

　　实例：自闭症儿童 / 022

　　静心冥想 / 030

 **主题 三　被害者** / 033

　　哪个被害者？ / 035

　　实例：每个人都为自己 / 039

**主题 四　阶级序位** / 047

　　正确的位置 / 049

　　男与女 / 050

　　创立者 / 052

　　夫与妻 / 054

　　一些推测 / 056

　　手足 / 058

　　双重阶级序位 / 059

　　生命的序位 / 061

　　实例一：员工的序位 / 062

　　实例二：生意伙伴 / 070

　　阶级序位 / 074

　　手足的序位 / 077

　　秩序 / 080

　　实例三：企业合并 / 083

　　多数决定 / 092

　　实例四：解决之道 / 093

**主题 五　金钱** / 101

　　善财 / 103

开始的问题 /106

实例一：跟着钱去哪里？ /107

实例二：毁坏 /111

主题 六 **遗产** /115

遗产的祝福与诅咒 /117

实例一：所有权的问题 /120

问题 /131

实例二：遗产，要还是不要？ /134

非血缘的亲子关系 /138

实例三：是谁给的？ /140

主题 七 **双重错置** /147

背景 /149

实例：中国男女的双重错置 /152

说明 /159

性与死 /162

# 后记：
# 如何成为好的企业家并保持下去？ /168

主题 一

**成功与母亲**

## 心的纯真

　　心的纯真是在灵性中的，它来自灵性和纯粹的灵魂。

　　我们的灵魂借着自身的方向变得纯粹，而纯粹的灵魂与纯真的心会被引导，朝着那正在到来的事物移动。纯真的心将一切过去抛诸脑后，纯粹的灵魂没有过去。

　　过去的事物又有什么变化呢？它也变纯了，变成了纯粹的过去、全然的过去。就纯真的心而言，过去已不再沾染任何事物，于内于外皆是如此。在纯真的心里面，过去被允许是纯粹的。借由纯真的心，过去必定变得纯粹。

　　例如，借由我们纯真的心，我们的母亲变得纯粹，免于我们那些模糊其纯粹形象的记忆的干扰。借由纯粹的灵魂，纯真的心能顺利地抵达这种纯真。纯粹的灵魂认为母亲在为生命服务时是纯粹的，在为我们的生命服务时是纯粹的，我们的生命经由母亲而变得纯粹。

所以，借着纯粹的爱，我们纯真的心亲切地转向母亲，完全没有过去的记忆。这份爱专注于当下，专注于爱在此刻的发生，专注于此刻与爱一起从纯真的心流出的事物，专注于这份毫无杂质的过去的爱。与母亲一起纯粹地休息片刻，而爱将在惊叹中绽放。这份纯粹的爱会带来什么？此刻又有什么新事物从它那里升起呢？

所以，我们的心之纯真来自何处？它来自灵魂，来自纯粹的灵魂。在我们与母亲的关系里，我们与那个将一切带进生命、此刻仍继续创造每事每物的灵魂和谐相处。我们会听到那灵魂在说："看啊，我更新了所有事物。"

## 实例：现在我是富有的

（摘录自2009年3月31日至4月1日在巴西圣保罗市的"成功法则"课程）

海灵格对某位男性当事人说："你的议题是什么呢？"

当事人说："我有三个事业。第一个是我的农产事业，那是我从父亲那里继承来的，二十年来未见起色。"

"第二个是商业，进口医检产品。"

"第三个则是工厂，生产医检产品。"

海灵格说："你有好多事情要做。那么你的问题是什么？"

当事人说:"农产事业二十年来一直表现不佳,其他两个事业在这三年间也每况愈下。"

海灵格说:"每况愈下的意思是?"

当事人叹息着说:"财务困境以及收益低迷。这些事业不再有进展了。"

海灵格说:"那是很沉重的叹气呢。"

当事人说:"除了财务与成长方面的问题之外,我还有其他问题,那是家庭的问题。我有两个孩子,大的是儿子,小的是女儿。儿子以前跟我一起工作,但是做得不顺,所以十年前他就离开了我们的企业。之后我的女儿带着她的先生——我的女婿——进入了这个企业,但我感觉非常不好。我的儿子则觉得他被整个家族排除在外。兄妹俩无法好好相处。"

海灵格说:"我们对那样的情形要做什么呢?"
当事人说:"我想知道自己该对那样的情形做什么。"

海灵格安排当事人跟一位代表他母亲的人相对而立。当事人一边深叹着气一边闭起眼睛,没有其他动作。母亲的代表将双手放在胸前。当事人擦掉一些眼泪,接着,他朝她跨出了一小步。母亲的代表对他微笑。慢慢地，在迈出几小步以及更频繁地拭泪之后，他走到了她对面。他向她伸出手并握住了她的手，母亲的代表用一只手轻抚他的脸，并把她的另一只手放在他的胸前。

海灵格说："对她说，'亲爱的妈妈'。"
当事人说："亲爱的妈妈……"

海灵格说："'谢谢你'。"
当事人说："谢谢你。"

海灵格说："'现在我是富有的'。"
当事人说："现在我是富有的。"

母亲的代表把他拉近了一些。他把头靠在她的肩上。她轻抚他的头。当事人哭了。不久，这两个人各自退后几步。

海灵格选出三位女士来代表三个事业，一字排开站在当事人的面前。当事人把双手放在背后。

第一个事业的代表将双臂交叠在胸前。第二个事业的代表大大地张开双臂。然而当事人走到第三个事业的代表那里，双方各展一臂拥抱彼此。

海灵格对当事人说:"这是个好的决定吗?哪个事业是最强的呢?"

当事人以手指向第一个事业的代表。

海灵格说:"再看一次。哪个事业是最强的呢?"

在当事人想反问时,海灵格说:"你看得出来,只要你仔细观察。"

当事人走到第一个事业的代表那里,以一只手摸她的背。

海灵格问第一个事业的代表:"你跟他在一起的感觉如何呢?"

第一个事业的代表说:"我感觉到有某种负担。我不舒服。有某种事物使我感觉不舒服。"

海灵格问第三个事业的代表:"你刚才跟他在一起的感觉如何呢?"

第三个事业的代表说:"还好,但是没有他更好。"

从团体里传出笑声。

海灵格说:"奇怪的是,人怎会盲目成这样。我们都看到了,只有他看不到。"

当事人不耐烦地四处踱步。第一个事业的代表受到地面的吸引,看向地面。

海灵格说:"我能询问的对象只剩下一位。"接着他对母亲的代表说:"你感觉如何?"

母亲的代表说:"我好悲伤。"

第二个事业的代表将背靠向母亲的代表。

海灵格对所有代表说:"谢谢你们。"
接着他对当事人说:"过来跟我坐在一起。你现在感觉如何?"
当事人说:"我感到困惑。"

海灵格说:"你对你的母亲做了什么?"
当事人说:"我想我不够爱她。"
海灵格说:"不只如此。就我能够看得到的部分,浮现的画面是你对她造成了伤害。"
海灵格对团体中的参与者们说:"这相当清楚。他无法看到那份伟大。他无法看到这个事业的伟大,即使那是显而易见的。这就是你看不到自己母亲的伟大时所得到的结果。"

当事人说:"我认为,我父亲的过世,等同于逼我去好好照顾我的母亲。用我的一生去照顾她。"

片刻之后,海灵格说:"这叫作高姿态的恩惠。"

当事人说:"这是我的错误之一,傲慢。"

他边说边笑。

海灵格说:"在我看来,你无法这样轻松带过。"

"这只是错误吗?你已经违反了生命的法则。"

当事人点头。

海灵格对团体的参与者们说:"并不是说他不好,而是这种情形违反了生命的法则。违反这个法则的个体必定失败。"

当事人点头。

海灵格说:"你的母亲还健在吗?"

当事人说:"她目前九十三岁,患有阿尔兹海默症。"

海灵格说:"谁在照顾她呢?"

当事人说:"我。"

海灵格说:"那很好,非常好。闭上眼睛。告诉她'我以爱……'"

当事人说:"我以爱……"

海灵格说:"'来侍奉'。"

当事人说:"来侍奉。"

片刻之后,海灵格说:"'现在我是小孩'。"

当事人说:"现在我是小孩。"

他低下头,深深地呼吸,同时开始哭泣。他重重地叹了口气,然后睁开了眼睛。

海灵格请第二个事业的代表再度上台,并再次安排当事人站在她的对面。

海灵格对当事人说:"你对她说'我是来侍奉的'。"

当事人说:"我是来侍奉的。"

海灵格说:"衷心地说出这句话,就像你对自己的母亲说这句话那样。"

他走向她,但是她退后,远离他。

海灵格说:"她离开了你。你不能像个大老板那样自负地走向她。回来,再走一次,告诉她'在这里,我是小孩'。"

当事人说:"在这里,我是小孩。"

海灵格说:"'我是来侍奉的'。"

当事人说:"我是来侍奉的。"

海灵格说:"'我借由你来侍奉生命……'"

当事人说:"我借由你来侍奉生命……"

海灵格说:"'如同我母亲为我所做的侍奉'。"

当事人说:"如同我母亲为我所做的侍奉。"

他缓慢地走向她,并向她伸出了一只手。她的双手原本是展开的,但在他靠得太近时,她表现出了不情愿的样子。

海灵格说:"再退后两步,对她说'你是这里的主人'。"

当事人说:"你是这里的主人。"

海灵格说:"'你来引导'。"
当事人说:"你来引导。"

海灵格说:"'我借由你……'"
当事人说:"我借由你……"

海灵格说:"'来侍奉……'"
当事人说:"来侍奉……"

海灵格说:"'众生'。"
当事人说:"众生。"

那个事业的代表点头,并开始移动整个身体。

海灵格对那个事业的代表说:"告诉他'抱着我'。"
那个事业的代表说:"抱着我。"

这位当事人走向那个事业的代表,两人亲切地拥抱彼此。那个事业的代表看起来想要沉入地下,但是当事人坚定地抱着她。她在他的怀里看起来很僵硬。

海灵格请母亲的代表站在那个事业的代表身后。那个事业的代表逐渐站直了身体。

海灵格对当事人说:"对你的母亲说'我以侍奉来纪念你'。"
当事人说:"我以侍奉来纪念你。"

母亲的代表走近那个事业的代表,当事人则隔着那个事业的代表向母亲的代表伸出了一只手。那个事业的代表站直并拥抱他。他一边哭,一边握住母亲的代表的手。母亲的代表则轻抚他的头与手臂,然后慢慢后退。这位当事人跟那个事业的代表一起走向母亲的代表,三人抱在一起。

海灵格说:"成功具有母亲的容貌。"
然后他对已经坐回他身边的那位男性当事人说:"现在你感觉如何?"
当事人笑着说:"觉得更好也更弱。"

海灵格说:"不是变弱,只是变小而已。"

当事人点头。

海灵格说:"现在要做的事情只剩下一件了。看着我,开始动起来吧!"

这位男性当事人大声笑了出来,拍了一下海灵格的腿。

海灵格说:"祝你一切顺利。"[1]

---

[1] 关于此项主题更进一步的实例,请参考本书的以下内容:"遗产""第三实例:是谁给的?""双重错置""实例:中国男女的双重错置"。

主题 二

## 那些孩子去哪里了?

## 他们去哪里了？我们往哪里去呢？

孩子们都到哪里去了呢？那些流产的、死产的、早夭的、发育不完全的、被遗弃的、被给出去的孩子，他们在哪里？虽然他们都已消失不见，但是他们仍在这里。

他们在哪里？他们就在附近，例如躲在我们事业的背景里，而且他们是有力量的。他们有时会在我们的事业里再度现身，使我们可以感觉、知道他们的存在，直到我们把他们放进心里（或类似的情形）。这种情况也许只会发生一阵子，但这里有爱。

离我们很远的他们现在也已抵达别处。特别是那些已经过世的个体，如果他们已经去世很久了，他们通常早已到达了另一个地方。

为何他们要使我们在生活中感受到他们呢？他们有什么需要？我们能够或必须为他们做什么？我们需要他们的什么？他们会使我们注意到他们，是因为他们想要给予我们某些事物以侍奉我们吗？

他们有可能受到其他力量的引领吗？当他们想引起我们的注意时，他们是想要我们觉察到这些力量并引导我们回到他们那里吗？我们是否更需要他们来使自己变得更完整？

当我们错过他们时，我们也就在后续的生活中错过了成功，也因此错过了自己的完整性。

问题在于他们如何才能回到我们这里？我们的成功如何才能回到我们这里？或者用另一个方式来问，我们如何才能找回那份将所有属于我们的人包含其中的爱呢？我们如何才能找到自身的本来面貌呢？

我们要做的，是与那股引导一切命运的创造性的能量共鸣。那股能量引导这些孩子的命运，引导他们双亲的命运，引导我们的成与败的命运。它引导每个个体的命运，也引导个体与他人共织的命运。有时，它带我们走上痛苦的羊肠小径，这是为了使我们走向自己的意识。

这股创造性的能量不断地重新塑造着每一个事物，并将一切拥入自身的存在之中。

我们如何与它和谐地共鸣呢？

在侍奉生命的前提下，将注意力放在我们眼前的事物上。

在这个前进的移动中，被我们抛诸脑后的是什么呢？被我们带着向前的事物又是什么呢？

被我们抛诸脑后的事物是自己的罪恶感，那股罪恶感使我们不断地指责自己和他人。如果我们带着很多罪恶感——特别是那些希望借由付出代价来弥补或消除某些罪过的感受，那么我们想达到什么目的呢？这种做法是在尝试把自身的命运掌握在自己的手里，但这种尝试会完全转变成对生命的剥夺，而非给予。罪恶感以及悔罪的行为是在对抗生命，而不是在侍奉生命、肯定生命，也无法使我们以生命来顺利地侍奉他人。

像这样，我们怎能成功？

我们聚集了所有曾从属于自己、现在也仍从属于自己的人们，并且带着他们一起走向未来。也许事情应该是反过来的，即让他们来引导我们。我们跟随着他们，好让他们带着我们进入未来，好让他们顺遂地带着我们前行。我们的净化对所有人而言是祝福，就让他们带着被净化过的我们，在这个更新的合一、重聚的过程中一路走进完整的生命。

## 实例：自闭症儿童

（摘录自2009年6月14日至16日在香港的"成功法则"课程）

海灵格对当事人说："你的议题是关于什么的？"

当事人说："我目前要从几个企业中做选择，颇有挫折感。我本来有两个企业，但我已经离开其中之一。"

海灵格说："它们是什么样的企业？"

当事人说："其中一个是由几个家族成员共同经营的。"

海灵格说:"是做哪种生意的?"

当事人说:"是做建筑材料的。我是为我妻子的家族工作的。"

海灵格说:"这个企业是怎么开始的?"

当事人说:"是由我妻舅创立的,他经营这个企业已有十年的时间了。"

海灵格说:"你的妻子是这个企业的合伙人之一吗?"

当事人说:"是的。"

海灵格对团体的参与者们说:"在一开始,我会把这个企业的动态呈现出来。"

海灵格选择了一个代表这个企业的人,安排他站在代表妻舅的人面前四米处与那个人互相对望。他又安排妻子的代表站在妻舅代表的左侧,再把当事人安排在妻子代表的左侧。

那个企业的代表退到了很远的地方。海灵格请当事人与妻子的代表转身,不再面对那个企业的代表。接着,他选择了一位女士来代表开设这个企业所需要的资金,并把她安排在那些代表之中。这个资金的代表感到非常不耐烦。海灵格安排了一位男士站在资金的代表面前,与其面对面。而当事人以手臂将妻子的代表拉向自己并轻抚她的头。

资金的代表将双手交叠在胸前,妻舅的代表则站在那位后来加入的男士身旁,并且跟他一起慢慢走向企业的代表。

海灵格把企业的代表安排在资金的代表面前,而资金的代表却转过身去,双手交叠在胸前呈现出很痛苦的样子,接着,她跪下来看向地面。

海灵格请一位男士仰面躺在资金的代表前面,那位资金的代表就去扶着这个人的头。

海灵格对团体的参与者们说:"在这里我们看到了什么呢?这个企业在向后退,它不想从属于任何人。资金受到了某位死者的牵引,它来自某位死者,所以这个企业无法为自己投资这笔资金。"

海灵格对那位企业的代表说:"你现在觉得如何?"

企业的代表说:"我好愤怒。当我站在资金的面前时,我对她感到生气。我的手是冰冷的。"

海灵格对团体的参与者们说:"从这里的移动中,我们可以看到的是,这个企业无法生存。"然后他对所有代表说:"你们可以坐下来了。"

海灵格对当事人说:"你的第一个问题在于这个企业是否能够生存下去。我们可以看到这个企业无法成功,无论它过去有多好。

我们不需要知道原因，只需要知道你离开这个企业是个好的决定就可以了。你的妻子还跟这个企业有关系吗？"

当事人说："我妻子离开这个企业的时间比我还早，大约在七年前吧。"

海灵格说："那是个好的决定，我们可以把这个问题放在一边了。接下来的问题跟新的事业有关。你想开展新事业吗？"

当事人说："是的。"

海灵格说："你有几个选择？"
当事人说："三个。"

海灵格说："可以讲出来吗？"
当事人说："第一个选择是继续做以前的事业。我拥有创办新企业的基础。"

海灵格说："是做哪一种生意的？"
当事人说："是做建筑材料的。"
他接着说："第二个选择是个矿区。第三个选择是我妻子成立的非营利性组织。"

海灵格说:"那算是个企业吗?如果算的话,那算是她的企业,不是你的企业。"

当事人说:"七年前,我说服妻子离开以前的企业并开设一个属于自己的组织。我是这组织的总裁。它是帮助自闭症儿童的组织。"

海灵格说:"我们得看看这个。"

海灵格选出两位女士作为代表,一位代表建材事业,另一位代表矿区事业,她们相距约四米,面对同一个方向站在一侧。海灵格安排当事人与他妻子的代表站在事业的代表们面前四米处。矿区事业的代表转过身去。

海灵格选出一位男士作为自闭症儿童的代表,并把他安排在当事人面前四米处。这个自闭症儿童的代表跪下来,并向当事人滑过去。当事人走向他,跪下来温柔地抱着他,并擦掉他脸上的泪水。

海灵格对所有代表说:"谢谢大家。"

海灵格请当事人坐在他身边。

海灵格对当事人说:"这是个真正的议题。我们可以看到你把注意的焦点放在妻子的自闭症儿童协助组织上。"

他接着问:"在你们的家族中,哪位患有自闭症呢?"

当事人说:"我的儿子。"

海灵格说:"我们可以看到你对他的爱。"

接着他对团体的参与者们说:"我们再做一遍看看。"

*海灵格再度安排当事人与自闭症儿童的代表面对面站着,相隔四米。*

海灵格对自闭症儿童的代表说:"对他说'我为你'。"

自闭症儿童的代表说:"我为你。"

海灵格说:"当你说这句话时,感觉如何?"

自闭症儿童的代表说:"我感觉我好爱他。"

海灵格选出另一个代表来代替原来的自闭症儿童的代表,并让之前的那位坐回去。

海灵格对当事人说:"对他说'我为你'。"

当事人说:"我为你。"

海灵格对新的自闭症儿童的代表说:"对他说'谢谢你'。"

这位代表说:"谢谢你。"

他们走向彼此,而后并肩站在一起看着地面。那位自闭症儿童的代表稍后将头靠在当事人的肩上,当事人则轻拥着对方,而非拥抱对方。

海灵格请矿区事业的代表回到台上。当事人一只手拉着自闭症儿童的代表,与他一起走向矿区事业的代表,并以另一只手臂拥抱她。不久之后,他放开自闭症儿童的代表的手,并以双手拥抱矿区事业的代表。

海灵格对所有代表说:"谢谢你们。"

接着,他对团体的参与者们说:"根据刚才所见,我要向你们解释它的背景。为何我要让自闭症儿童的代表对他的父亲说'我为你'?我看到这位父亲害怕自己变成自闭症患者,而这个儿子出于对他的爱,无意识地为他承担了这件事。我们常在家庭系统排列中看到这样的动力。同时,我看到这位父亲也承担着某位家族长辈对于变成自闭症患者的恐惧。因此我安排另一个人来代表某位自闭症患者,这是这位父亲在心里说'我为你'的对象,而这个对象借由这个过程感到解脱,因此他对当事人说'谢谢你'。所以,每个地方都有隐藏的爱在运作着，准备去承接他人的沉重命运。"

海灵格对当事人说："再回到你这里。你现在感觉如何？"
当事人说："我在想，矿区事业应该代表着我的母亲。"

海灵格说："也许。但我的问题是，你对你的新企业的感觉如何呢？毕竟这是一个关于企业的课程。"
当事人说："我已经准备好开始创办这个新企业了。但我仍然感觉到内在有一些保留与担心。"

海灵格说："这关系到一个庞大的企业。这个新企业的力量来自你那患有自闭症的儿子。这里则显示出这个企业是要侍奉某个更伟大的事物的，不论你要为这个事物付出多少代价或者你会从它那里得到什么。这是关乎另一种爱的。因此你能信任这个企业了，它会成功的。了解了吗？"

那人点头并向海灵格道谢。众人鼓掌。

海灵格对团体的参与者们说："通常我会把寻找家族正确序列的个案，与像在这里进行的这种针对企业的个案做出清楚的区分。但是这次我们无法做出那么清楚的区分。"

## 静心冥想

　　闭上眼睛。我会带你们进入一段冥想。我们看着自己的事业、工作与职业，并从内在感受事业、工作与职业的回应。它们是远离我们，还是带着爱向我们走来？我们能够愉悦而满足地带着爱走向它们吗？我们能知道、感觉到自己在被生命侍奉吗？或许我们会感受到某位已经过世的或被家族驱逐的人物的牵引？也许那是因为我们和我们的家族对这个人有罪恶感？

　　现在我们带着爱看着这些人。我们向他们敞开心胸，在我们的爱与生命中为他们留出一个位置，并向他们做出肯定的回应。现在，我们以这种方式跟他们联结，并再度看向自己的事业、工作与职业。那些被排除在我们的爱之外的个体，当我们对其做出肯定的回应时，我们也是在肯定自己的事业、工作与职业。我们带着爱肯定它们，并且感觉到自己的力量已有所改变。我们的内在有了新的能量。①

---

① 关于此项主题更进一步的实例，请参考本书的以下内容："阶级序位""实例二：生意伙伴""手足的序位""金钱""实例二：毁坏""双重错置""性与死"。

主题 三

# 被害者

## 哪个被害者？

我在这里所谈的被害者，指的是我们与自身企业从中获利的损耗对象。这些被害者也许遭受了伤害、损失，甚至死亡。事情甚至发生在我们出生之前的更早的过去，我们并没有亲身涉入他们的伤害、损失甚至死亡事件，因此不会有罪恶感。我们甚至在加入这企业时都不知道这些被害者的存在。

反过来，当别人为了自己的企业来占我们的便宜，使我们有损耗、损失时，我们就变成了他们的被害者。

所以我们要谈的是赢者与其背后的输者，或是那些在直接冲突当中得胜与落败的人，以及那些以损耗自身命运为代价、为别人腾出空间的人，或是那些现在仍持续地损耗自身命运以使他人获利的人。而有些人虽与遭受伤害、损失甚至死亡的人的命运毫无关联，却仍从中获利。

一个问题在于（如我在第一段中提到的例子），我们能保有这份利益吗？还是说我们常以某种方式为其付出高昂的代价？

另一个问题则是，我们已尽全力给出某些事物，但事实上我们并未成功，到底少了什么能使我们成功并经常使我们成功的事物呢？

我们借由这些人的损失而获取利益，从而与他们形成命运共同体。我们也跟那些在我们的损失、伤害或过早离开中占到便宜，以及借由我们的损失而获得成功的人形成命运共同体。

让我们回到第一个问题。不一定每一笔获利都属于我们，也不一定每一笔获利都属于我们的企业。这种现象有时会显现在排列个案中，即"企业"想去别人那里。我们真心诚意买到的房屋有时"想"从属于他人，那样我们就无法无损地住在那里。

我们必须面对和处理这样的情形，以使所有相关者——我们、房屋、前任屋主——都能感觉良好。我们的做法则依具体情形而定。我们可用排列个案的方式来寻找。也许我们得把这栋房屋还给真正应该拥有它的人，也许我们得放弃它，不然我们会被那曾发生在这栋房屋里的某种事物纠缠。它会使后来住进来的人生病，或用其他方式伤害他们或他们的孩子。

企业也是如此。经营者需要与过往的被害者和解。当经营者记得这些铺路或不得不铺路的前人,当企业依照双方都认定的重要规则来服务时,和解便能够发生。使用某些事物来纪念过去的被害者,让被害者自愿接受他们的命运。这样一来,他们就可以在善意中与新的经营者联结在一起,并赐其成功。

于是,这种企业是被以谦逊经营着的,顺随当下,而非蛮横。它被当成一项服务来运作,而其服务的对象也包括企业的员工与他们的家人。最后,这种企业通常会归顺于自身的命运,被其他力量引领着走向别处,前往众人的平安之处。

反过来说,如果有人借着我们的遭遇占便宜,那又会如何呢?更糟的是,如果他们的确对我们的痛苦和损失负有一定的责任,却又私下或公开地展现其幸灾乐祸的样子呢?

如果我们想从他们那里取回自己的财物,还要借由冗长的官司来强迫他们吗?在事情发生之后,我们损失的事物还会"想"回到我们这里吗?如果我们把它们拿回来,它们"想"跟我们在一起吗?伤害能被这样修复吗?还是说伤害的补偿形式已经变成了双方的伤害与重担?

这类尝试有其共同之处:都是往回看,而不是向前看。

那些因我们的损失而获利的人,无论他们发生什么事情,我们都由他们去,这个过程就变成了他们自己的命运。

在向前看的过程中,我们从自身过往的损失中解脱出来,这样我们就能在新的事物中获得成功,其程度通常大幅超越我们的损失。而这也使我们从那些获利者的命运之中解脱出来，没有懊悔与指责，让他们自由地持有他们的利益。获利者以自己的方式掌控着自身命运，而我们仍"成功地"处在自身饱满的力量之中。

这种态度的背后是什么呢？在它里面运作并成为众人福气的事物是什么呢？在每一件事物中，我们都看到有另一股力量在运作着，超越得失，超越有罪与无辜，超越加害者与被害者。我们顺从这股力量，无论那结果对于我们或对方而言会是什么。事无大小，无人能够不以他人的损耗而存活。我们乐于付出自己应付出的部分，并接受那个损耗他人的部分。人与我，我们在同一份服务之中，在同一场嬉戏之中，也在与爱相随的生命侍奉之中。

## 实例：每个人都为自己

（摘录自2009年5月20日至21日在莫斯科的"成功法则"课程）

海灵格对当事人说："那是什么样的事业？"

当事人说："我做心理学期刊的出版工作，还用以另一个事业赚来的钱资助这份期刊的出版。对我来说，出版这份期刊是一项社会工作。"

海灵格说："另一个事业是什么样的呢？"

当事人说："我经营一家处理金饰的企业。"

海灵格说:"好,请过来跟我坐在一起。这个企业在制造什么?"

当事人说:"在制造并销售珠宝。"

海灵格说:"所以它是在制造珠宝。这个企业运作得如何?"

当事人说:"这个企业一直在运作,但最近出现了干扰运作的问题。"

海灵格说:"那些问题是什么?"

当事人说:"企业借由珠宝获取庞大的利益,但我在做这项工作时感到害怕。"

海灵格说:"害怕什么?"

当事人说:"我害怕自己最后会去坐牢。我害怕警察。我害怕坏人。"

海灵格说:"这企业服务的对象是谁?你已经提到过这份期刊是它的服务对象之一。"

当事人说:"它为我的家人、员工以及买家服务。"

海灵格说:"你有多少名员工?"

当事人说:"约400名员工。"

海灵格说:"想想看,一个有400名员工的企业,直接服务于多少家庭啊!我能想象这样的情形。它很伟大,因为许多生命仰赖着它。所以我们将尽力帮助这个企业以及它服务的所有对象。"

他接着说:"好,我们现在开始。我们用系统排列来看看它发生了什么。我会借用一些代表来帮助我呈现这个场景。接着我们会从他们的移动中看到这企业的问题。"

海灵格选出一个人代表当事人,选了一位女士代表当事人的企业,并安排他们面对面站着,中间稍有距离。

当事人的代表向后退,离企业的代表越来越远。企业的代表则将右手伸向当事人的代表,像是在指着他。当事人的代表退得更远,几乎要向后倒下了。

海灵格对当事人说:"你的代表对这个企业感到畏惧。"

海灵格选择了三位男士一字排开站在他们之间。

海灵格说:"你们代表其他因这企业获利的人。看来还有别人借由这企业赚取更多金钱。"

其中一位男士慢慢地走向企业的代表,而企业的代表则向左倾斜远离他，并倒在地上。当事人的代表也向同样的方向倾斜并远离这些男士，也倒在地上。

另一位男士站在企业的代表旁边，并向下看着她，他踢这位企业的代表，把她推走并重重地踩脚。然后，他跨站在企业的代表的上方，企业的代表就躺在他的两脚之间，带着恐惧发出呻吟。当事人的代表则仰面躺着，并以双手掩口。

海灵格对当事人说："企业害怕这个人。他是它的老板，幕后老板。"

不久他又说："这个公司无法生存，你也无法在此生存。这个危险关乎你的生命，你会恐惧是理所当然的。"

海灵格指向当事人的代表，他正以双手掩口。

海灵格对当事人说："你不被允许说任何话，即使是那些你知道的事情。我们可以从他的动作中看到这一点。你完全没有发言权，任凭其他的力量来处置你。"

当事人说："这代表我得放弃它吗？"

海灵格说："如果想活下去，你就没有其他选择。放弃你的企业，你的生命已在危急关头。"

当事人点头。

海灵格走向仍躺在地上的当事人的代表,并询问他的感受。

当事人的代表说:"我颤抖得非常厉害。我非常害怕。我已经很难承受那里发生的事情。我已经很难承受那个人所做的一切。我想干涉,但我的恐惧感非常强烈,我只能顺着做,我必须服从。"

海灵格扶起当事人的代表,安排他站在企业的代表与那位男士的面前。

海灵格对当事人说:"你也害怕这个企业会被勒索。这个企业会被勒索得很惨。也许去别的国家是正确的做法。"
当事人的代表说:"这里非常危险。"

海灵格牵着当事人的代表,带着他向外走,远离其他人。

海灵格说:"这里如何?"
当事人的代表指向前方,并说:"我必须走得更远。"

海灵格对当事人说:"好。我们就做到这里。"
接着他对所有代表说:"谢谢你们。"

众人鼓掌。

海灵格根据来自索菲①的暗示,将当事人的代表安排在距离其他人很远的位置,仍然面对着企业的代表。

海灵格对团体的参与者们说:"这会是他在另一个国家的企业。"

当事人的代表走向企业的代表。接着他对海灵格说:"我在这里感觉好多了,但是仍然感觉有些东西会从背后和左边过来。"

索菲选出另一位女士,把她安排在原来那位企业的代表的位置上,面对着当事人的代表。

当事人说:"这样好多了。"

海灵格对当事人说:"索菲的意思是这得是全新的企业,原有的企业不能跟过来。你必须重新开始。"

索菲在询问了几个代表之后,对当事人说:"这代表你得去别的国家,并且有一阵子,你需要什么也不做。在这之后,你就能以同样的理念和全新的人脉重新开始了。"

---

① 指索菲·海灵格,伯特·海灵格的妻子。在本书中,"海灵格"指伯特·海灵格,"索菲"指索菲·海灵格。——编者注

众人鼓掌。

海灵格对当事人说:"这里的排列显示出你曾被卷入危险的秘密交易,而解决之道就是与自己先前所做的一切完全分开,并且开始一个真正服务于人们的全新的事业。就像你所做的期刊,那是一个服务于人们的事业。"

索菲说:"对于一个人的生存而言,最危险的想法就是为了使自己拥有越来越多的钱财而开设公司。如此一来,这个人就是在强调'我不够'。'我不够'的想法驱使这个人要求得越来越多。其他人会感觉到这个人不是真的想要服务于任何人,而是觉得其他人必须服侍他。在我们的时代,这个想法是最危险的,对事业、健康、家族、妻子、孩子而言都是如此。每个人都会被它拖累。"

海灵格对团体的参与者们说:"我们只花了二十分钟,所有的重点就已浮现出来。如果要在短时间内知道什么是最重要的事,或者想获得那些能够保命且开阔视野的深邃洞见,还有比这更有效率的方法吗?"

海灵格对当事人说:"好。祝你一切顺利。"

众人鼓掌。

主题 四

**阶级序位**

## 正确的位置

　　正确的位置依循着某个序位，我们无法选择或征服，也无法赠送或丢弃。这个序位遵从某个较高的秩序，而该秩序决定每个人的正确位置。只有处在正确位置，人、事、物才能与这较高的秩序及其创造力和谐相处。

## 男与女

在某些文化或团体里,男性的地位高于女性。因此,许多家庭里的第一个男孩被视为长子,即使他有姐姐。如果他后来以优先继承人的身份接掌父母的企业,在系统排列中有时会显示出企业更"希望"被其长姐接管,而不是他。在这样的例子里,如果要使企业的运营能够成功,他必须让出那个本应属于姐姐的优先位置,并且在身份的序位中接受属于他的位置,也许是第二的位置或更低的位置。

在这之后,该公司的员工们会大大地松一口气。他们现在感觉到自己与工作场所被安置在良好的序位里,这使他们更有意愿做出良好的表现。

因此,当家族企业要被交接给下一代时,序位在其中扮演着重要的角色。

## 创立者

当某人创立自己的企业时,情况就完全不同了。企业的创立者永远占第一位置。那么他是否能把家族的其他成员带进公司,并且将其放在平等的位置或他的领导的位置上呢?在企业中,序位的应用可以参照其在家族中的应用。某企业的创立者占有该企业的第一位置,就像一个家庭里面的父母那样。创立者是该企业的创造者,企业对于创立者而言就像是个孩子。因此,没有人能够争夺创立者的第一位置,或者跟创立者分享这个位置。

在其家族中,创立者有自己身为孩子的特定位置,那是根据其手足的排序而得到的正确位置,例如第二位置或第三位置。

当创立者的家族成员进入该企业时,企业体系与家族体系有可能出现冲突。

当创立者的父亲接掌这个企业并居于重要位置时，父亲的位置仍在创立者之后。虽然这位父亲在家族中占有第一位置，但是只要在这个企业里面，他就得把这个第一的位置交给创立者。当两个体系的序位的差异均被承认时，人们就能避免体系之间的冲突。

当创立者允许较年长的手足进入公司里并给予其领导位置时，冲突便无法避免。创立者在企业中的序位在这位兄长或姐姐之前，但是较晚出生的创立者在家族中的位置则在其兄长或姐姐之后。即使这位兄长或姐姐在企业里必须接受较低的位置，他们仍会表现得像是拥有高过创立者的位置那样。但这类冲突并不会出现在较年幼的手足成为公司一员的时候。

当我继续谈论与企业序位有关的更多的内容时，希望你不会感到无聊，因为它们是成败的关键。后面的实例将证明这个观点，许多人可能会感到震惊。

## 夫与妻

无论我们是否愿意相信,根据目前我们所观察到的现象,如果男人在家庭中占有第一位置且妻子与孩子跟随着他的话,这个家庭通常会发展得比较好,特别当夫妻二人来自不同的国家、文化或使用不同的语言时更是如此。这里的"跟随"指的是,妻子和孩子跟随这个家庭的丈夫进入他的国家,使用他的语言。

当然也有例外,但是这条规则应被当成基本移动来注意与观察。

跟随不是完全服从男方、一切由男方来掌管的意思。从权力的角度来说,父亲与母亲是平等的。在家庭中,主导者通常是女方,男方则为女方服务,跟随女方。

接下来，我们将在当前的主题框架下谈论夫妻关系。

当某位女士创立自己的企业或她的双亲把企业交给她时，她就占有了这家企业的第一位置，即使那时她已跟丈夫结婚。

她能给丈夫安排这家企业中的职位吗？或者把他放在与她平等的位置甚至领导她的位置上？

她不能。因为根据我所观察到的现象（目前我还没看到过例外情况），丈夫终究会毁掉妻子的企业。

我们可以推测出存在于这种现象背后的事物。接下来我会谈一些观察与设想。

## 一些推测

那些想要在企业中占据超过自身应处位置与阶级序位的人必遭遇失败。违反阶级序位是许多人在其领域失败的主因。每个悲剧都是从违反阶级序位开始的。

违反阶级序位在家庭关系中指的是什么？举例来说，某个在阶级序位中具有较低位置的个体（例如某个孩子）尝试帮助阶级序位中位置较高的个体（例如母亲、父亲）。

企业也是如此。某个处于较低位置的人（例如较晚进入企业者）若想借由赶走第一位置的正当拥有者来占据这个位置，他就会把这个企业引向毁灭。为了拯救这个企业，我们必须迅速以另一位尊重序位的个体替换此人。

现在我们回到对夫妻关系的讨论上来。如果某位男士进入他妻子的公司，并被赋予与她平等的位置，那么他不久后就会占有这个企业的第一位置，不论内外皆是如此，因为那是他在家庭中的习惯。然而他无法在这个企业中取得成功，因为他永远都处于第二位置，在员工的眼里更是如此。这个企业也不想要他，那么他所剩下的力量就只有摧毁的力量。

当然我讲得确实有些夸张，但是在这种情形中，就阶级序位而言，它面临着终极的考验，非生即死。企业也是如此。

当妻子加入先生的企业并处于同等位置时，就不会发生上述情形。因为就家庭的序位而言，她已习惯居于第二位置并对此心平气和，所以她仍然能够感觉到平等。她对公司的付出会被认为是有益的，员工也会把她当成与她丈夫地位平等的人来看待。

## 手足

当同一家庭的几个孩子一起接管双亲的企业时,会套用他们在家庭中的阶级序位。所以,第一个孩子无论是男是女,都会接任第一位置以及领导职位。其他人的次序则应按照年龄的大小依次排序。

这里再度应用了刚才提到的部分:姐妹的丈夫们仍应是局外人,而兄弟的妻子们能够进入企业,但只能跟其丈夫一起做,不能接任某个专属于自己的位置。

然而,如果某位亲属因具有特殊天分而接管该企业并居于领导位置,情况就不一样了。这里所显示的是,该企业的第二套阶级序位需要被承认,即根据个人能力以及个人所达到的成绩而形成的阶级序位。

## 双重阶级序位

在诊所里，医生的位置显然应排在最前面，在医生的后面是助理医师和其他专业人员。在系统排列个案中，个人可以马上找到他在整个团体中的正确位置。

行政类职务的位置在医生之前。就像有家室的男士那样，行政部门负责保护一个诊所的安全以及夯实其经济基础，而后者是使这个诊所稳定运作的关键。

所以，在一个企业中，会有根据职位排列的阶级序位，也会有根据对于企业能够顺利运作之重要性排列的阶级序位。在不同的部门中，还有根据年龄和资历排列的阶级序位。我们必须同时以部分与整体的视角来观察这些序位。

例如，当团队中某个资历最浅的成员接任首要的领导职位时，就该团队的管理而言，他（她）拥有第一位置。但若考虑到团队里的人际关系，最后加入的他应处于最后的位置上。根据人性的表现来看，后进入团队的他要确定能得到其下属的帮助。其关键在于他的领导能力，因为他的领导能力决定他是否能够得到比较多的来自下属的支持。

而从另一个角度来看，下属们之间也存在双重阶级序位。在这个团队服务最久的个体应得到相应的尊敬，任何后进入这个团队的人都无法争夺这个位置。不过，资历较深的员工仍需借由相应的努力和成绩来赢得这个位置。如果他们松懈怠慢，因资历获得的较高位置便无法使他们免于成绩降低的后果。在企业里，成绩是首要的考量因素。

我们讲了很多概念性的内容，接下来的实例将扩展、深化我们的认识。

## 生命的序位

在所有的领域里面，阶级序位是基本的生命秩序。在企业的成败当中，我们最能清楚地看到遵守或违反这秩序的后果。无论如何，阶级序位会彰显生命的基本秩序以及决定生死的无从逆转的神圣法则（如果你这样想的话）。在每个悲剧当中，英雄的死亡与一同被消灭的人们的失败使我们明白违反这阶级序位的后果。什么事物可以使我们和自己的企业免于这种命运？正确的位置。正确的位置使我们得以确保安全与发挥力量，并能使我们顺利地联结在一起。

## 实例一：员工的序位

（摘录自2008年8月19日至20日在巴西古里提巴市的课程）

海灵格说："我会继续谈'组织中的成功'这个主题。有些情况是明确的，例如'夫妻共同拥有某个企业'。如果在我们这里有人是以夫妻名义共同拥有某个企业的话，我们就能对此进行探究。"

一位女士举手并坐到海灵格旁边。

海灵格说："那是什么样的企业？"

这位女士（也就是当事人）说："这个企业负责运送食材到处理食材的工厂。"

海灵格说："这个企业是谁的？"
当事人说："这个企业是我先生的。我们一起工作。他创立了这个企业，而我是在一年半前进入企业的。"

海灵格说："有什么问题吗？"
当事人说："我在人事部门。我看到我们很难成立真正的团队，人们很难留下来不再离开。人们一直来来去去。公司里一直都是新的员工。"

海灵格说："这个问题会是'员工不停更换会有什么结果'吗？我此刻不想马上去寻找答案，让我们观察一下。"
他接着说："在一个企业里，一些因素会发挥作用。一是产品，二是顾客，三是员工，四是盈利。有合伙人吗？"
当事人说："没有。"

海灵格说："那么我们现在来观察这个企业。你以企业主的身份站在那里，代表你的丈夫站在那里。"

当事人代表她的丈夫站在海灵格指定的位置上。

接着,海灵格选择了一位女士代表企业,并安排她站在企业主的代表的左侧,然后选择了两位女士和一位男士作为员工的代表,让他们一字排开面对企业主的代表和企业的代表站着,双方相距约五米。

他又选择了一位女士作为盈利、钱财的代表,她的位置在企业代表的左侧不远处。然后他选择了两位女士作为顾客的代表,安排她们站在员工代表的右侧不远处。

海灵格说:"好,让我们观察一下。"

两位顾客的代表以碎步慢慢移向企业主的代表,停在企业主代表的面前不远处。她们不久就站到了她的左侧,之后又换到其右侧。她们一起向后退,远离员工的代表。她们互相看着彼此,接着握住了彼此的手。

企业的代表则退后几步孤独地站着。

钱财的代表凝视着员工的代表。

海灵格说:"就我们所看到的移动而言,这是一个顾客取向的企业。钱财在注视着哪一位?"

停了一会儿,他接着说:"钱财一直看向员工,而这些员工感觉不舒服,觉得自己被忽略了。"

钱财的代表不耐烦地移动着自己的手。一位顾客的代表向员工的代表那里移动,她短暂地向他们伸出双手并左右摇晃自己的头。

一位女性员工代表转身过去并朝远离众人的方向跨出了几步。

过了一会儿,海灵格对企业的代表说:"企业的感觉如何?"
企业的代表说:"我觉得有些困惑。"
海灵格对团体的参与者们说:"企业在支持谁?员工!而员工在支持谁?企业!"

企业主的代表远离企业的代表而向右边靠。她刚好面对着一位女性员工代表,但是她们没有靠近彼此,只是对望。

海灵格对团体的参与者们说:"我要做一些试验。"

海灵格把企业的代表带到前面,安排企业主的代表站在她的右侧、钱财的代表站在她的左侧。员工的代表则被安排在钱财代表的左侧。他们一字排开地站在一起。接着,海灵格安排顾客的代表在不远处与他们相对而立。

海灵格询问员工代表的感受。

第一位员工的代表说:"更好。"

第二位员工的代表说:"更好。"

第三位员工的代表,即刚才转身远离的那位员工代表说:"轻松许多。"

海灵格对企业主的代表说:"所有的员工要齐心协力服务于顾客。只有员工们一起合作的时候,他们才能为企业服务。"

海灵格说:"企业现在感觉如何?"

企业的代表说:"更好。"

海灵格说:"钱财觉得如何?"

钱财的代表说:"非常好。"

海灵格对团体的参与者们说:"这是一个以顾客为主的团队。如果只看到顾客,员工会成为牺牲品。钱财也不舒服,因为它没有走向它需要先去的地方。它必须去员工那里。"

接着他对当事人说:"你的员工只有微薄的薪资,这就是他们来来去去的原因。工作都是他们在做,但他们没有得到认可。这对你来说清楚吗?"

当事人说："这就是我跟丈夫一直在讨论的事情。他负责公司的财务部门，而我负责公司的人事部门。他非常担心营业绩效，而我关心的是员工。这就是我们的冲突。"

海灵格说："没有员工，就不会有营业绩效。员工的位置是优先的。这对你来说清楚吗？"
当事人说："清楚。"

海灵格说："我就做到这里，你们可以回座位了。"
接着，他对团体的参与者们说："我还需要一个人来代表那位男士。"

海灵格选出一个人作为企业主的代表，安排他站在当事人前方不远处，两人面对面。

两人彼此对望，男士将双手交叠在背后。

海灵格选择了一位女士作为企业的代表，把她安排在当事人的位置上，并请当事人坐回他身旁的位置上。

那位男士说："我的心突然跳得非常快。"
海灵格说："感觉更好还是更差呢？"
那位男士说："更好。"

海灵格对当事人说:"你必须让你的丈夫自己经营这个企业。"

他接着问:"企业觉得如何?"

企业的代表说:"现在觉得更好。"

海灵格对代表们说:"好了,谢谢你们。"

接着,他对团体的参与者们说:"我要跟你们分享一些个人经验。我的第一任妻子曾与我一起做系统排列个案,有时我们会突然开始吵架,而我们不知道那是怎么发生的。"

"我们当时在排列的是某位顾客的矛盾冲突,她代表该顾客的某个担忧,而我代表与之相对的另一个担忧。我们突然注意到,我们因为专注于顾客的两个担忧的不同之处而将矛盾转移到了自己身上。"

"在我们这里有同样的危机。当夫妻共同经营一家企业时,企业里的冲突会转移到夫妻的亲密关系中,反过来也是如此,夫妻的冲突也会转移到企业中。我提出这一点,仅是为了让你们从这个视角思考。"

接着,他对当事人说:"了解了吗?"

当事人说:"当时的情形是他要我加入。我之前是心理咨询师,而他想让我跟他一起工作,因为当时那个企业已经有了很大的成长。但也许这只是一个阶段,我的意思是我可以只是暂时地跟他一起工作吗?"

海灵格说:"如果你留在自己的职业里,他留在他的企业里,那样会更好。那样,你们晚上就有很多事情可以聊了。"

那位女性当事人和整个团体的参与者都笑了。

实例二：生意伙伴

（摘录自2009年5月20日至21日在莫斯科的课程）

海灵格说："好，我们继续。"
接着，他对某位女性当事人说："这个企业是做什么的？"
当事人说："纺织品。"

海灵格说："你们有多少个员工呢？"
当事人说："500个。"

海灵格说："目前有什么问题？"

当事人说:"企业的经营有困难。"

海灵格说:"这个企业是谁的?"
当事人说:"企业主有两个,就是我跟我的姐妹。"

海灵格说:"你们两个都是企业主?"
当事人说:"是的。"

海灵格说:"谁的年纪比较大?"
当事人说:"姐姐。我是妹妹。"

海灵格说:"谁创立了这个企业?"
当事人说:"我。"

海灵格说:"这个企业是你创立的?"
当事人说:"是的。"

海灵格说:"现在的问题是什么?"
当事人说:"我的姐姐跟我是不一样的人。我们之间有严重的冲突。"

海灵格说:"这个企业的资金从哪里来?"

当事人说:"我姐姐出了一部分,而我出的最多。"

海灵格选出当事人的代表和其姐姐的代表,并安排代表们并肩站立。当事人的代表站在姐姐的代表的左边。接着,他安排企业的代表站在她们对面。

当事人的代表走向企业的代表,而企业的代表也走向当事人的代表。姐姐的代表则朝远离企业代表和当事人代表的方向移动。

海灵格对当事人说:"你认为这个企业是谁的?"

当事人说:"我的。"

海灵格说:"这个企业是你的,是完全属于你一个人的。在你创立这个企业之后,企业中的其他人都无法与你平起平坐。这是一种秩序。所以你付钱请姐姐退场,自己经营这个企业吧。"

当这位女性当事人想要做出回应时,海灵格说:"等一下。"

当事人突然大声地笑了出来。

海灵格对姐姐的代表说:"你在那里感觉如何?"

姐姐的代表说:"感觉更好了。"

海灵格说:"好,就是这样。"

# 阶级序位

　　海灵格对团体的参与者们说:"问题的起因是违反阶级序位。大多数公司的问题都源于此。这个阶级序位是未知的。在我们的文化里,它是未知的。这个阶级序位算是我的重大发现之一。"

　　他接着说:"阶级序位决定个体能够拥有的位置。先来者的位置优于后到者的位置,产品也是如此。"

　　企业的创立者始终占有第一位置。创立者无法被任何后来的人取代。当某位后来的人想要拿走第一位置时,企业就会出现问题。"

　　海灵格对当事人说:"因为你的姐姐年龄较大,若以年龄算,她应该在第一位置。然而这不是家庭,而是企业。创立这个企业的人是你,你需要自己去经营它。你的姐姐可以跟你一起工作,但位置只能在你之下。"

"当然,就现状而言,这明显是行不通的。因为身为你的姐姐,她觉得自己的位置本应优于你,所以这里有两套阶级序位。"

"所以,最简单也最清楚的答案是,你把钱还给她,或者给她股份,但她不能留在企业里。"

当事人说:"我们做过许多分割的尝试。"

海灵格说:"那是没用的。最佳的解决方式,就是她拿回自己的钱去开设自己的企业。这对每个人而言都是最好的解决方法。在系统排列中,她觉得那样更好,而你们无须对抗彼此。"

索菲说:"你在这里观察、感受、体验到的是新的态势。别回到旧的态势里。信任这样的排列,并且无为地等待。别跟其他人谈论这件事,让今日所见在你的灵魂里成长就好。"

海灵格说:"现场参加过密集课程的朋友,请明白索菲给她的建议是'无为而为'。"

接着,他对当事人说:"因为你知道……"

当事人大声笑了。

海灵格说："你喜欢那样。某些事情也正发生在你姐姐的身边。这次系统排列也会对她产生影响。你只需等待。"

索菲说："在私人层面，你仅在心里——把你的姐姐当成姐姐，而不是生意伙伴——对她说'我是小的，你是大的'。然后你自己照料自己。"

当事人相当感动，哭了出来。

索菲说："如果你担心她，任何做法都不会有用。在一起不行，分开也不行。闭上眼睛，并在心里对她说'我的母亲也是你的母亲，我一直都是你的小妹。至于这份工作，我会在其中充分地向你展示我有多强大'。"

当事人笑了，并擦去眼泪。

海灵格对当事人说："你现在觉得如何？"
当事人说："我觉得非常难过。"
海灵格说："哦，怎么了？"

## 手足的序位

　　索菲着手安排当事人及其姐姐的代表的位置。这位女性当事人被安排在姐姐的代表的左边。听说当事人有位已经去世的弟弟，索菲就选出一个人代表当事人的弟弟，并将其安排在当事人的左边。

　　索菲对弟弟的代表说："看着你的姐姐并对她说'你是大的'。"
　　弟弟的代表说："你是大的。"

　　当事人点头，双方彼此凝视良久。

索菲把姐姐的代表安排在更远的地方。那位已逝弟弟的代表想坐下来，但是索菲请他维持站姿，即使他代表的人物已经死去。接着，索菲选出另一位女性代表，并安排她站在当事人与姐姐的代表之间。

索菲对当事人说："你现在觉得如何？"
当事人说："我觉得轻松了一些。"

索菲对姐姐的代表说："你觉得这样如何？"
姐姐的代表说："我觉得左边需要多站一个人。"

索菲选出另一位女士作为代表站在姐姐代表的左边。当事人与弟弟的代表彼此搭着肩膀站立。

索菲对姐姐的代表说："你现在觉得如何？"
姐姐的代表说："我感觉好多了。"

现在，所有代表都感觉良好。索菲依次请他们说"我是第一个""我是第二个""我是第三个""我是第四个""我是第五个"。已逝弟弟的代表也感觉良好，他与当事人怀着爱意对视。

海灵格对当事人说:"对你而言,你的弟弟会是对的生意伙伴。"

海灵格在当事人坐回他与索菲之间后对她说:"你现在感觉如何?"

当事人说:"非常好。"

海灵格对团体的参与者们说:"我们在这里看到的是,如果不了解家人的关系法则以及家人对我们整体生命的影响,我们就无法管理企业。许多议题都源自家庭里面的重要事物,例如已逝或流产的兄弟姐妹,自己流产的孩子也会对企业产生直接的影响。"

海灵格对当事人说:"祝你一切顺利。"

# 秩序

（摘录自2009年3月31日至4月1日在巴西圣保罗市的"成功法则"课程）

海灵格说："我曾想过在商业场合里面会发生什么事。如果你真的去看，这些事跟在真实生命中所发生的事是一样的。商业行为是真实生命的一部分。

"生命是由某种力量牵引的。每个事物都是由某种力量牵引的，例如将事物向前推进的力量，还有吸引我们的力量，就像重力。

"任何事物都遵循某个秩序在移动。当我们脱离某个自身生命的秩序时，会有一股反作用力带我们回到能够继续前进的方向。当摆锤荡向一方时，会有一股力量将其拉回，而摆锤就在中间点前后晃荡，能量就聚集在中间点。然而，即使是中间点也在移动，如同持续移动的一切事物。而一切事物的移动都像在绕圆圈，总是绕着某个中心点移动。

"这种移动是认知的移动，因此它是一种灵魂的移动。有时我们会在物质与灵魂之间做出未经思考的判断。例如我们区分自己的身体与灵魂，并认为身体是物质，然而身体在任何时候都受到灵魂的影响。当我们产生某个洞见时，例如某个灵性洞见，它便立即会对我们的身体产生影响。这个洞见带着我们的身体进入灵魂的移动和创造性的移动之中。

"我为什么会在关于商业与组织的课程中说这些呢？因为这里也有正在运作的灵魂的移动，那是侍奉生命的有序移动。所以我们将企业看成生命的一种移动，并找出它是否在侍奉生命以及其侍奉生命的程度如何。

"就像摆锤过度荡向一方那样，当某个企业脱离生命的秩序时，例如过度荡向利益的方向，那么它不久后将荡向另一个方向。而摆锤最后会绕着某个中心点不停地摆荡。

"反过来看也是如此。当摆锤过度荡向另外一方，例如过度荡向慈善的方向时，它将会荡回来。所以，当我们观察一个企业内部的移动时，我们会发现每个移动都有其意义，而且所有的移动都得找到能在平衡中协同运作的秩序，它们必须在更大的整体中找到它们的秩序。

"我们会在这些系统排列个案中看见这些秩序，而它们也在持续地移动着。这些移动持续地为同样的目的服务，即生命的圆满。以此为前提，我们就可以在企业的服务以及生命的服务下继续今天的工作。"

## 实例三：企业合并

（摘录自2009年3月31日至4月1日在巴西圣保罗市的"成功法则"课程）

海灵格对某位男性当事人说："你的议题是什么？"

当事人说："我有一间公司，而今天，即四月一日，我的公司跟其他两间公司进行合并，但只有营业部门合并。这三间公司拥有相同的顾客群。我个人将负责这个合并后的营业部门。而这个部门需要行销这三间公司的产品。"

海灵格说："合并动作是谁发起的？"

当事人说："是我。"

海灵格说："其他公司的人都同意吗？"
当事人说："他们都同意。刚开始，我只想跟其中一间公司合并。后来，另一间公司的经营者也提出合并的要求。"

海灵格说："谁会从合并中获利呢？"
当事人说："获利的是其他两间公司，当然还有顾客。"

海灵格说："那么员工呢？"
当事人说："产业结构会有所不同。"

海灵格说："我的问题是针对员工的。"
当事人说："员工会被整合进新的模式里。"

海灵格说："他们是会因此获利，还是会有损失？"
当事人说："有些员工会有损失，其他员工则会获利。"

海灵格说："损失指的是什么？"
当事人说："有些人会失去某些事物。"

海灵格说:"说得清楚一点,就是有些人会失去他们的工作,所以这份获利来自其他人的损失。我只是在描述,并不是在评断。"

当事人说:"当然在这个时候可能会发生这样的事。但是因为我们的公司规模有所扩大,这样就能照顾到新的员工了。"

海灵格说:"我们需要观察此事的影响——它对公司本身的影响。从目前的动态来看,我觉得影响会发生在员工身上,会影响留下来的员工的生产力。当然这些都有待进一步探讨。我的观念是把公司看成生命的一项移动。那么问题在于它侍奉生命的程度以及它是否在以特定方式对抗生命?在这里,顺序是怎样的?我们会用系统排列的方式来观察它。这样可以吗?"

当事人说:"可以。"

海灵格说:"我们的问题在于,我们应如何获得洞见?我们在这里要如何开始?我将从显而易见的部分开始。"

他接着说:"我会把三个公司的代表安排出来。"

当事人说:"其中一间将要被合并的公司原本是我们公司的竞争对手,而它现在加入了这个联盟。"

海灵格说:"也许这是个对大家都好的做法。"

当事人说："是的。"

海灵格说："那么我们来观察一下。我不想知道这些公司的身份，所以我只用'一''二''三'来代表，你知道'一'是什么、'二'是什么、'三'是什么。我只关注关系，不需知道任何细节。我完全处在自身关注的领域里面，也就是关系的领域，至于其他问题，就交给知道那些问题的人。我在这里要做的排列是关于关系以及关系里面的秩序的。因此你可以放心地跟我在一起，我不会干涉你的专长。这样的阐述是重要的。目前这样还可以吗？"

当事人说："可以。"

海灵格说："现在请你选出一号公司的代表，接着选二号公司的代表和三号公司的代表。然后你根据自己的感觉以及彼此之间的关系来安排他们的位置。"

当事人安排代表们站成三角形，二号公司的代表站在一号公司代表的左侧，但位置比较靠前，三号公司的代表则站在前两者对面。

海灵格对代表们说："让移动带着你们走，我们会观察这移动的走向。"

二号公司的代表用脚尖走路。三号公司的代表后退一步，之后又后退了几步并背对着其他对象。他回头看了一眼，接着走得更远。其他两个公司的代表走得更近些。三号公司的代表又后退一步，但接着又前进了一步。

海灵格请当事人以盈利的代表的身份加入排列。

二号公司的代表变得越来越焦躁。三号公司的代表不确定要后退还是要远离，而且也相当焦躁。盈利的代表不知道要去哪里，他看向外面。

过了一会儿，海灵格对一号公司的代表说："你觉得如何？"

一号公司的代表说："我觉得自己跟二号公司是一致的。我想要盈利来跟我们接触。"

海灵格对二号公司的代表说："你觉得如何？"

二号公司的代表说："我觉得我相当强势，具有吸引力。我感觉自己有很多权力，并且我知道那权力吸引着我。"

海灵格对盈利的代表说："你觉得如何？"

盈利的代表说："我觉得受到整体的吸引，但我不知道该去哪里。"

海灵格对三号公司的代表说:"你呢?"

三号公司的代表说:"我好像动弹不得。我的脚很痛,无法前进或后退。我跟背后的一切都没有联结。"

海灵格带着三号公司的代表向前走了几步。

海灵格对一号公司的代表说:"你现在感觉如何?"

一号公司的代表说:"我不在意是否跟他在一起,那个只不过是我不需要的对象。"

海灵格对二号公司的代表说:"那你呢?"

二号公司的代表说:"我觉得松了一口气。现在我能看向未来了。"

海灵格对盈利的代表说:"那你呢?"

盈利的代表说:"我正在寻找自己的位置。"

海灵格说:"去找吧!"

盈利的代表慢慢地转圈,并在过程中离开了一号公司的代表和二号公司的代表。三号公司的代表回头看向盈利的代表。接着,盈利的代表看向外面。

海灵格对团体的参与者们说:"这个简单的动作所显示的是,属于一号公司和二号公司的盈利因为三号公司而离开,因为盈利看向其他方向而不是看向这几间公司。这里显露出一个隐藏的法则。稍后我会给出解释。"

海灵格选出另一位代表,把他安排在三号公司代表的右侧不远处,面对着盈利的代表与其他两间公司的代表。

海灵格说:"你代表也要加入其中的四号公司。"

三号公司的代表转身过来站在四号公司的代表旁边。所以一边是一号公司的代表与二号公司的代表站在一起,另一边则是三号公司的代表与四号公司的代表站在一起,而盈利的代表站在他们中间。

海灵格对一号公司的代表说:"你现在感觉如何?"
一号公司的代表说:"我喜欢这个想法。"
二号公司的代表说:"我并没那么喜欢。"

海灵格对团体的参与者们说:"他那样会失去权力。"
接着,他对三号公司的代表说:"你现在觉得如何?"
三号公司的代表说:"相当舒服。"

海灵格对四号公司的代表说:"我有些困惑。"

海灵格对盈利的代表说:"现在这样你觉得如何?"

盈利的代表说:"我正在这里转圈,但我感受到来自各方的吸引。"

海灵格对当事人说:"我会解释这个法则。当你有三个的时候,其中一个必须离开。所以你得到的会是两个或四个,而不会是三个。如果要使这次的合并成功,必须有第四个公司加入。'三'个的组合体是不好的组合体,因为前两者会一直对抗第三者,这是生命的一项法则。当你知道这项法则后,就可以留住财富。"

当事人说:"我现在愿意接纳增加一个公司或让一个公司离开的可能性。"

海灵格说:"生命的移动总是朝向'更多'的方向。当你请一个离开时,剩下的两个都会变弱。你必须请第四个加入。扩张是生命的一种移动。我就做到这里,因为重点已经显现。"

当事人说:"谢谢你。"

海灵格对所有代表说:"谢谢你们。"

*海灵格请当事人坐回他身边。*

海灵格说:"这是一种秩序,生命的秩序。"

当事人说:"突然出现好多光。"

海灵格说:"的确如此。你现在很好。"

当事人点头。

海灵格说:"在关于员工的部分,到目前为止,有一个关键点一直被放在一旁,那就是此事对员工的影响。一个公司永远无法以具有敌意的态度成功接管另一个公司的员工,永远不会。被别的公司接管的员工对新的公司不会有和对原公司一样的归属感。而公司的生存需要依靠员工的忠诚以及他们认同公司的能力。员工永远不会认同企业主以外的股东。这些都是非常简单的法则。你已经对此有所了解。我做到这里就可以了吗?"

当事人说:"是的。"

海灵格说:"祝你一切顺利。"

## 多数决定

海灵格说:"大家对此有任何问题吗?"

某位男士说:"当有四个的时候,我们很难得到超过半数的投票结果,二对二的冲突会经常发生。"

海灵格说:"由多数人做决定的做法是在阻碍成功。因为有'多数'就一定有'少数','少数'使'多数'无法成功。"

他接着说:"现在我要提到另一个基本法则,即找到全体的共识是重要的。"

"那个看似在阻挠的局外人,其实是在迫使所有人去寻求更完善的解决方案。所以,以'多数决定'的方式来做事,和依照能够照顾到所有人的移动的方式来做事,其结果一定会有所不同。"

## 实例四：解决之道

（摘录自2009年6月3日至4日在俄罗斯符拉迪沃斯托克市的"成功法则"课程）

海灵格对某位女性当事人说："这是一家什么样的企业？"
当事人说："商务企业。"

海灵格说："有多少个员工？"
当事人说："约有120个。"

海灵格说："所以你的问题是什么？"

当事人说："我没有什么特定的问题。大致来说，一切都很正常。"

海灵格说："这个企业做得成功吗？"
当事人说："是的，相当成功。"

海灵格说："这个企业的所有者是谁？"
当事人说："有三个做决策的企业主。"

海灵格说："企业主之间相处得如何？"
当事人说："很好。"

海灵格说："这个企业是谁创立的？"
当事人说："我和另一位企业主。之后第三位企业主带着他的公司加入了我们。"

海灵格说："第三位是怎么加入的？"
当事人说："他为这企业带来了新方向，增加了企业未来在拓展生意方面的选择。"

海灵格说："你们是怎么分配盈利的？"

当事人说："依比例分配。如果是我们一起完成的项目，我们就会平均分配。"

海灵格说："平均分配？"
当事人说："不是，不是那样。"

海灵格说："所以是怎样分配的呢？"
当事人说："38∶38∶24的比例。"

海灵格说："谁拿那个24%？"
当事人说："第三个企业主。"

海灵格说："好。如果没有问题的话，我就不用寻找解决方案。但我可以看一下，如果你愿意的话。可以吗？"
当事人说："你说过，这也会跟我们企业未来的发展有关。现在一切都好，但我想知道我的企业未来会怎么发展。"

海灵格说："我会从一些细节开始。我们会从细节里得知一些事情。第二位企业主是女性吗？"
当事人说："其他两位企业主都是男性。"

海灵格说:"我会排列企业主之间的关系。你熟悉家庭系统排列吗?"

当事人说:"是的,我熟悉。我曾参加过去年的工作坊。"

海灵格说:"那我请代表们来做会比较好。这样你只要观看就可以了。好吗?"

当事人说:"好。"

海灵格选出一位女士和两位男士来代表企业主,并安排他们站成三角形面对着彼此,在他们之间留有很大的距离。接着他又选了一位女士代表企业,并安排她站在他们前方有点远的位置上。

海灵格对代表们说:"注意自身的感觉并让自己被这种感觉牵引,就像受到内在的牵引那样。我们会借此得到重要讯息。"

第三位企业主的代表马上转向企业的代表,而企业的代表走到旁边看着其他两位企业主的代表。然后企业的代表又退回去,转向与企业主的代表们所在之处相反的方向。

第二位企业主的代表想站在企业的代表身边,但是企业的代表远离他并面对第三位企业主的代表站着。

第一位企业主的代表,即那位女性企业主代表,停留在自己的位置上,离其他人很远。

海灵格对当事人说:"企业的钱是从哪里来的?"
当事人说:"我们一起赚的。"

海灵格说:"你跟第二位企业主有家庭或婚姻方面的关系吗?"
当事人说:"没有。"

海灵格说:"未来会在谁那边呢?我们看到它在第三位企业主那边,而你退出了。"
接着,海灵格对团体的参与者们说:"我们在几分钟之内就观察到了这个企业的基本移动。"
他对企业的代表说:"当第二位企业主站在你身后时,你感觉如何?"
企业的代表说:"当他靠近我时,我觉得自己的手臂非常沉重。"

海灵格说:"沉重是什么意思?舒适还是不舒适?"
企业的代表说:"不舒适,有压力。我的手臂不太舒服。"

第三位企业主的代表向前走,经过企业的代表,并向下注视着地面。第一位企业主的代表走向企业的代表,企业的代表也转向她。过了一会儿,第三位企业主的代表将视线越过企业的代表,看向远方。

海灵格说:"我还需要一位女士。"

海灵格选出一位女士来代表第三位企业主带进合资企业的公司,并安排她站在第三位企业主代表的左边稍远的位置上,远离其他代表。第三位企业主的代表走向她,她站在第三位企业主代表的后面并拥抱他。

海灵格安排第三位企业主的代表转身面对这位公司的代表,他们面对面地站着,握着手。

海灵格对合资企业的代表说:"你现在觉得如何?比较好还是比较不好?"

合资企业的代表说:"比较好。"

海灵格对第二位企业主的代表说:"你觉得怎么样?"

第二位企业主的代表说:"也好一些了。"

海灵格对第一位企业主的代表说:"那你呢?"

第一位企业主的代表说:"不错。"

海灵格对当事人说:"这次合并不是个好的做法。合并有风险。你们可以一起努力,但是不要合并成一个企业。你们各自的企业都必须保持独立。这样可以吗?"

当事人说:"可以。"

海灵格说:"不需要继续排列了。"

接着,他对代表们说:"谢谢你们。"

众人鼓掌。

海灵格对团体的参与者们说:"大型企业的未来为许多家庭的生计提供保障,而这未来仰赖着我们对于此时显露的特定法则的了解。"

接着,他对当事人说:"你很幸运,事情并没走到那一步。像这样的话,企业会有好的发展。"

"我们还可以观察到一些问题。最后加入的人获得了领导地位,他把自己放在第一位。而其他两位被赶到旁边并失去了力量。但是现在,所有人都在自己的位置上,有自己的力量,这样就可以相互合作了。这就是解决之道。"

"你们的员工在合并后表现得如何？变得更好了还是更差了？他们对于企业的归属感有增加或减少吗？员工忠诚于企业，他们以企业为中心形成一种场域。在你的企业里，他们对你们这两个企业主是忠心的，并以你为中心形成一种场域。如果你们保持独立，他们会更有动力。另一个企业的员工也是如此，他们若留在原来的企业里会更有动力。这里的解决之道就是，合作但不合并。那样的话，秩序就是完整的。这样做你会省去很多麻烦。这样可以吗？"

当事人说："可以。"

海灵格说："祝你一切顺利。"[1]

---

[1] 关于此项主题更进一步的实例，请参考本书中的以下内容："实例二：遗产，要还是不要？"。

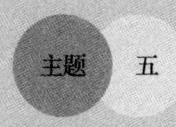

主题 五

**金钱**

## 善财

在商业咨询中,关于成败的基本问题就是:"创立企业的资金从哪里来?"

是个人工作所赚的钱吗?是继承来的钱吗?是来自那些借由做出贡献而具有企业部分所有权的人吗?是来自银行的贷款吗?还是来自那些期望能分享利润的股东呢?这些钱是经由不法渠道(例如诈欺)所得,还是像天上掉下来的那样供我们免费取用的呢?在提供这些钱的人中,是否也有失败者?他们身上发生了什么?

如果某个企业需要帮助,我们要处理的就是上述需要澄清与回答的问题。金钱具有灵性的面向,它的回应就好像它具有灵魂那样,就好像它对公平和正义有着敏锐的感觉。

金钱想留在那些认真工作（例如辛勤劳动）以得到它的人身边。它想回到以这种方式朝它走来的人那里，或者回到那些旨在将它运用在侍奉生命并使其得以圆满的人那里。当我们以公平的方式给予他人酬劳时，他们为我们赚取的金钱就会想留在我们这里。一般而言，金钱从属于生命，所以它想在侍奉生命的过程中被使用与转移。金钱是很乐意被使用的，当它再次回到我们手上时，会变得更加丰富。

这些只是白日梦吗？我们在企业里可以观察到这种现象吗？

为何企业主有时会做出令人不敢置信的错误决定而损失大笔钱财呢？这就是金钱的灵魂运作的结果。

当然，所谓金钱的灵魂只是一种隐喻，它指的是我们的灵魂知道或能感觉到它应当留下哪些或失去哪些。

为金钱指定它应有的位置对企业的成功而言是很重要的。例如在排列个案中，我们很快就可以看到金钱的去留意向，也可以看到它想去哪里。就常理而言，企业也会想去同样的地方。

问题在于，在这样的情形下，我们要如何使金钱回到我们的企业里？为了使它乐意回归并留下来，我们要在秩序方面做出怎样的调整？

金钱会回避损失。它会回避挥霍。例如赌徒，他们借由损失的金钱换得了什么？我们可以看到有许多人会在损失钱财时松一口气。他们借由这样的损失为自己换得了什么？在这样的情形下，有些人的心声是:"我情愿输掉钱也不要输掉性命。"

同样的道理也适用于企业——当企业以愚蠢而冒险的方式规避成功之时。于是,商业咨询就变成了针对生命和生存的咨询。

如何才能成功地与金钱建立联结呢?

服务于生命,带着尊敬与谨慎服务于生命。这一点对咨询师而言同样适用。例如,咨询师应以这次咨询结束时该咨询所达到的效果要求相应的咨询费用。如果咨询师这样做了,那么他就是在因爱与金钱合作。

## 开始的问题

（摘录自2009年6月3日至4日在俄罗斯符拉迪沃斯托克市的课程）

某位女士问道:"在商业咨询的排列个案里,为何对于金钱的来源的询问如此重要?"

海灵格说:"排列有时会显示出金钱想去别的地方。假如它来自一位不被尊重的个体或是通过诈欺所得,它是不会想留下来的。假如它因为某人的死亡而来,它会想跟死者在一起,除非死者得到尊重,否则这笔钱不会想留下来。所以这是一个重要的问题。"

"另一个问题则是'金钱是否在为企业服务'。当金钱或整个企业服务于股东,而非股东为这个企业服务时,危机就会出现。"

## 实例一：跟着钱去哪里？

某位女士说："我有个问题，如果企业的所有者是已婚的夫妇，妻子担任总经理，丈夫担任副手，这样会违反阶级序位吗？"

海灵格说："我们必须深入观察并清楚地辨别。有的时候，伴侣拥有自己的事业是重要的。但是当丈夫进入妻子继承的企业时，那就不好了，因为他会破坏那个企业。相反地，当丈夫是企业的所有者而妻子担任领导职位时，这种安排是良好的。这是一般规则，但有个体差异。我们在这里可以很快找到答案。你问的是你个人的问题吗？"

这位女性当事人说："是的。"

海灵格说:"那么我们可以探索一下。这个企业是做什么的?"

当事人说:"是个批发商店。我们贩卖的商品有便宜的和昂贵的两种。"

海灵格说:"先做的是哪一种?"

当事人说:"便宜的那种。"

海灵格说:"哪一种卖得好,哪一种卖得差呢?"

当事人说:"两种都卖得不好。"

海灵格说:"好,我们得来看看。"

海灵格选出两位女士分别代表便宜的商品与昂贵的商品,并安排她们面对面站着。他选出另一位女士代表批发商店,安排她站在距商品代表们五米远的地方看着她们。

便宜商品的代表转过身去,不久后又完全转过来并向前走了几步。批发商店的代表转过身去,接着在原地转了几圈,又转过来并往远离商品代表的方向走了几步。她找不到位置。接着,她经过昂贵商品代表的所站之处并站在靠近便宜商品代表的位置上。昂贵商品的代表原本想走向批发商店的代表。但接下来，她和批发商店的代表都停下动作并转向便宜商品的代表，批发商店的代表站在便宜商品代表的附近。

海灵格选择了三个人作为顾客代表。批发商店的代表想要走向他们，但又突然停下来。其中一位顾客的代表转过身去。两种商品的代表都注视着顾客的代表，没有向他们移动。

接着，海灵格选择了一位女士代表金钱，并安排她跟其他代表站在一起。批发商店的代表马上走向金钱的代表，握住她的手，而昂贵商品的代表则站在批发商店的代表后面。便宜商品的代表注视着顾客代表们，但之后又转过身去。

海灵格对当事人说："我们都看见了。"
接着，他对代表们说："谢谢你们！"

海灵格对团体的参与者们说："钱是什么？钱就是推动生命向前的养分，是生命的母乳。它是以天赐礼物的形式被给予的。它为我们的存活而存在。有些人想一辈子抓着母亲的乳房不放，一直索取。

"金钱是来侍奉的，有灵魂与实体的它侍奉着生命。辛勤挣来的钱最能侍奉生命，它因此能在自身所从属的企业中扮演重要的角色。金钱非常需要去侍奉，而它最深切的需要是被花费、被使用在对于生命的侍奉上。因此，这里有个非常重要的问题，那就是钱是从哪里来的。

"有个古老的基督教的传统,那就是信徒应当鄙视金钱。那么乞丐呢?他们会尊敬金钱吗?穷人呢?他们会尊敬金钱吗?未得到尊敬的金钱就是人们失去的金钱。

"还有一些关于'好的合作'的问题。好的合作取决于公平、诚实的交易。这些交易创造出信任,随之而来的则是越来越多既新鲜且丰富的利益。这些利益会留下来。"

## 实例二：毁坏

某位女士说:"我的问题与钱有关。我曾三次创业成功,但是当获利达到两百万美金时就会发生灾难,例如我的一切曾因为轮船上发生火灾而付之一炬。这种情形发生过三次。我现在正在撰写新公司的企划案,根据这份企划案,我的获利会在两年内再次达到两百万。因为这个两百万,我对于新公司的开业感到恐惧。"

海灵格说:"我们来看看吧!你站在那里就好。"

当事人站在自己的位置上。海灵格选出一位金钱的代表并请她站在当事人对面约五米远的地方,她们相向而立。金钱的代表先是看向地面,接着看向旁边。

当事人后退一步。金钱的代表则向一侧转身，然后又转到完全背对当事人的方向并稍微向前走了一点，仍然看着地面。

海灵格说："在这里，我们没有什么可以做的。"

海灵格选出一位代表，安排她仰面躺在金钱代表背后的地上，她代表某位死者。接着，海灵格让金钱的代表转过来面对这位"死者"。当事人也转过身来。金钱的代表躺在死者代表的旁边，当事人也靠过来并躺在死者代表的另一侧。

海灵格对团体的参与者们说："金钱想去哪里呢？它想去某个流产的孩子那里。这算是常见的例子，就是这个公司代表着某个流产的孩子，这个公司也会死去。"

金钱的代表再度站起来想要转过身去。海灵格让她转回来面对死者的代表。当事人也站起来注视着死者的代表，她的双手在背后交叠着。

海灵格对团体的参与者们说："死者感到愤怒。她感到愤怒。她的拳头是握紧的。"

当事人和金钱的代表蹲在死者代表面前。当事人坐在死者代表面前看着她,接着轻抚她的脸。

海灵格说:"你们知道金钱所具有的深邃灵魂是什么样子的了吗?你们知道金钱可以多么生气吗?"

海灵格选出三个人,安排他们躺在死者代表的旁边。

海灵格对团体的参与者们说:"他们代表三间死去的公司。"

金钱的代表站起来走到当事人那里,并从背后以手臂环抱着她。死者的代表转向她们。

不久之后,金钱的代表把当事人从地上拉起来,并带她离开死者的代表。但是当事人无法离开,她又走回死者的代表那里。

海灵格选出一人代表当事人正在筹备的新公司,并安排他站在当事人的身后不远处。

当事人站在新公司代表的身后并企图带他去死者代表那里。金钱的代表后退并开始大声哭泣。

当事人带着新公司的代表走回来,企图带他去金钱代表那里。但是金钱的代表将双臂交叉在胸前并转身过去。

海灵格对团体的参与者们说:"我们在这里看到,那些原本要去追随那流产的孩子的感觉已被转移到公司层面。我们可以看见,公司与个人家族的事件息息相关,某些在公司里面一直发生的事情应当在家族中被发现并被引向正确的秩序。"

　　海灵格对当事人说:"现在请记住你刚才对新公司的感觉,并把这些感觉带给这位死者,那是它们的归宿。"

　　　　海灵格再次带当事人去死者代表那里。当事人向死者代表弯下身,将她的双手十指交叠。

　　海灵格对团体的参与者们说:"因为核心议题已经显露,所以我就做到这里。"①

---

① 关于此项主题更进一步的实例,请参考本书中的以下内容:"阶级序位""实例一:员工的序位""遗产""实例一:所有权的问题"。

主题 六

**遗产**

## 遗产的祝福与诅咒

关于遗产,歌德的说法是:"是你从你父亲那里继承的一切,而这一切是他为了使其变成你的而去挣来的。"如此看来,遗产变成了一种任务。

问题在于这份遗产与我们的命运相符吗?它能够减轻命运的负担并拓展命运吗?它在侍奉命运吗?我们能够跟自己所得的遗产一起侍奉自己的命运吗?如果这份遗产把自己放在命运与使命的位置上呢?它会变成我们的重担甚至诅咒吗?特别是当遗产使我们与某些错事所造成的后果纠缠,就好像它源自别人的损耗甚至生命时,我们该如何处理呢?

简单的办法就是"放弃它",通常这也是正确的做法。

需要花费大量心思的选项是"接受它",这是为了以良善的形式同它继续走下去。那么我们就赋予自己一项使命,即借由遗产的帮助,使那些渴望和解的事物回归到秩序中来。那样,我们就是在爱的侍奉中运用遗产和放弃遗产。

那些期待遗产并早已对其做出规划的人,基本上是在等待他们的继承对象死去。当他们在等待双亲留给他们的遗产时,他们与双亲之间的关系是怎样的?对那些将会接受遗产的人而言,这算是祝福吗?它还有价值吗?它的价值是什么?

当接受遗产的晚辈不止一个,即继承人有多位的时候,他们通常会争夺遗产以获得自己的部分,特别是当其中一位获得较多遗产或较少遗产的时候。

晚辈对于双亲的尊敬在哪里呢?对他们的爱和追思在哪里呢?对他们的感激在哪里呢?

这样的遗产通常会被浪费,因为通常它们会违背双亲的用意。还有什么事物也随之被挥霍了呢?我们从双亲那里接收的生命的礼物有多少呢?

这样的遗产很容易变成诅咒,它会夺走某些事物,而不是给予。

具有消耗生命效应的这类遗产还有什么特别之处吗?它是未经过我们的努力而得来的事物。遗产就像金钱,当它未经我们的努力就来到我们这里时,它就像溜出指缝的水,是留不住的。

关于继承人，还有一些现象是我们可以观察到的，特别是当遗产数额相当庞大时。在那些继承者的生命里，还剩下什么呢？他们还能以什么来生活呢？与那些真正以自己的努力换来的填饱自己和家人的肚子的食物相比，那些装饰在他们自己身上的怪异羽毛又是什么呢？

如果我们把遗产献给生命，那就另当别论了。我们会通过成就得到它。我们也可能通过努力拥有它，那么它就变成了向给予之人——特别是那些在去世时还留给我们一些东西的双亲或伴侣——表达感激与爱的形式。对于伴侣而言，有一些情形需要注意，比如伴侣中活着的这一位是否具有选择另一段新伴侣关系的自由？他们的未来是否仍是自由的？他们戴着哪种冠冕？那冠冕是他们自己的吗？

基本的法则是"遗产不是赚来的"。当我们认识到这一点时，我们就不会受到它的限制，特别是我们未来将一直保持自由的状态，也不会被他人的嫉妒所困，仅是闪耀着自己的光芒。

如果遗产附有重担，我们可以借由放弃它来放下重担。如果它附有祝福，我们就把它当成祝福来接受。我们继续过自己的人生，让遗产成为众人的美满祝福。

# 实例一：所有权的问题

（摘录自2009年3月31日至4月1日在巴西圣保罗市的"成功法则"课程）

海灵格对某位年轻的女性当事人说："你的议题是什么？"

当事人说："我在公司遇到了危机。那个公司属于四个家族，总共有三个股东以及一群继承人。"

海灵格说："谁是这个公司的所有者？"

当事人说："我的父亲和他的一位合伙人创立了这个公司。"

海灵格说:"那个合伙人是何时加入的?"
当事人说:"他们是一起创立的公司。"

海灵格说:"这公司是属于他们两个人的?"
当事人说:"他们一起创立了公司,然后第三个人加入了公司,那是位继承人。接着又有了第四方,而那是一群继承人。第三位加入者是在公司成立二十年后才加入的。"

海灵格对团体的参与者们说:"你们能听懂她在说什么吗?"
大家说:"不能。"
海灵格说:"我也不懂。"
接着,他对当事人说:"继承人是从谁那里继承来的?"
当事人说:"从他父亲那里。"

海灵格说:"从你的父亲那里?"
当事人说:"总共有四份。我父亲有一份,与他一起创立公司的合伙人有一份。而以继承人的身份参与进来的第三个人持有的部分原本属于他的父亲。"

海灵格说:"哪一位父亲拥有这部分股份?"
当事人说:"事情是这样的,在一开始,公司有两位合伙人和两位只投资金钱的股东。所以一开始就有四份。"

海灵格对团体的参与者们说:"在这团混乱里,我们有要做的事情。当所有权的合法地位不明朗的时候,这个公司怎能兴旺?

"所以,请记住一点,公司永远不属于股东。股东们把钱带进公司,他们只能得到股份,而不是公司。股东们在公司里面没有权力,也无权干涉。股东们把钱带来,但是他们没有任何权力拥有公司。你们目前还跟得上吗?

"当股东们僭越权力或有介入公司事务的兴趣时,在这个公司会发生什么?它还会专注于产品吗?它还会专注于为顾客服务吗?它还会专注于员工吗?它只会注意金钱而已。"

接着,海灵格对当事人说:"你在公司里的角色是什么?"

当事人说:"我不在公司里面工作,我是我父亲的代表,他得了阿尔茨海默症。他原来是公司的董事长,但是现在因病情严重而无法在公司里工作。"

海灵格说:"现在谁是公司的董事长?"

当事人说:"现今的领导者就是我刚才说的那位股东继承人。"

海灵格说:"公司由他负责吗?"

当事人说:"是的,理论上是这样的。"

海灵格说:"那么实际上又是谁在为公司负责?我在想有谁能

为这个公司带入一点秩序？"

当事人说："现在法院介入了。这是我的家族成员要求的，因为他们不被允许进入公司。"

海灵格说："那么法院的判决会是怎样的？"

当事人说："公司如果有四位合伙人，根据法律，这四个人应以投票的方式选出领导人。但是我父亲已经不在公司工作了，人们对于由谁来领导公司就产生了争论。我的家族和另一个家族是其中一方，另两位合伙人则属于另一方。他们是不会走的。虽然要选出新的领导人，但是他们不会离开自己的位置。"

海灵格说："公司破产了吗？"
当事人说："没有，仍有获利，并且运作得相当好。"

海灵格对团体的参与者们说："让我们开始寻找序位。"

海灵格选出一位公司的代表并安排好他的位置。他接着选出三人担任员工代表，选出另外三人担任顾客代表，并安排他们站在与公司相互遥望的位置上。

接着，他选出了一位产品的代表以及一位金钱的代表，安排他们站在两方中间。这两位代表相距约三米。

海灵格对团体的参与者们说："我们现在来看看到底发生了什么。"

公司的代表全身都在抖动。产品的代表则注视着员工代表与顾客代表。两位员工代表感到不耐烦并开始抖手。其中一位看了看地面，然后躺下了，继续大幅度抖动。另一位则向顾客代表走近。

不久之后，产品代表走向金钱代表并站在他旁边，两者一起注视顾客代表。公司代表往前走了几步，靠近了顾客代表，但他仍然大幅度抖动。其中一位顾客代表走向公司代表，并站在他旁边。员工代表们仍然保持着距离。产品代表和金钱代表向后退，退了很长一段距离。

海灵格说："奇怪，公司在抖动。现在我要把你的父亲和另一位创始人排列进去。"

海灵格选出两位男士，并安排他们并排站在能够看见公司代表的位置上。

海灵格对当事人说："金钱和产品已不是重点。员工的状况也不佳。这个公司总共有多少个股东？"

当事人说:"四个。"

海灵格选出四个股东代表,要他们在场上找出自己的位置。两个员工代表仍然抖得厉害。父亲的代表向公司代表靠近,父亲合伙人的代表则在不远处跟随着他。

当事人说:"我的父亲是股东之一,另一位创始人也是。然后还有另外两位股东。这样看来,我们只需要增加两位股东而已。"

海灵格说:"从他们在公司的角色来看,我选出了他们,所以就让他们继续排列下去。"
当事人说:"至于那两位股东……"
海灵格说:"就这样吧,不然只会更加混乱。那里有主要的顾客吗?"
当事人说:"是的,就是站在公司旁边的那位女士。"

合伙人的代表站在公司的代表旁边,公司的代表向他伸出了一只手。所有并肩站着的代表,从左到右分别是合伙人代表、公司代表、主要顾客代表以及父亲代表。后来增加的股东代表们站得更远,其中第一位拥抱着产品代表,第二位拥抱着金钱代表,第三位则插进公司代表与合伙人代表之间。

有位员工代表现在正站在公司代表面前。海灵格带着合伙人代表离开。

海灵格对合伙人代表说："在这里感觉如何？"
合伙人代表说："比较好。"

海灵格说："公司代表感觉如何？"
公司代表说："现在感觉比较好。"

海灵格对主要顾客代表说："你觉得如何？"
主要顾客代表说："我觉得受到了支持。"

海灵格说："嗯，你是主要顾客。"
接着，他对站在公司代表面前的员工代表说："你觉得如何？"
这位员工代表说："我觉得难过，因为我从一开始就想来这个位置，但是我的朋友和同事却在那里。"
海灵格对金钱代表说："金钱代表觉得如何？"
金钱代表说："我会紧握着产品不放，并且想问股东是否知道该怎么做。"

海灵格对那位跟大家保持距离的股东代表说："你怎么了？"

这位股东代表说:"我觉得自己想保护某个事物或为某人留个位置。"

海灵格对那位不断轻抚产品代表的股东代表说:"那你呢?"
这位股东代表说:"我喜爱产品。我注视着公司,但我没有任何力量。"

海灵格将产品代表带到原先躺在地上抖动的员工代表那里,他们拥抱彼此。第二位员工代表也加入其中,一起拥抱产品代表,他们慢慢地移向公司代表。

海灵格对当事人说:"产品要依靠谁?"
当事人说:"依靠员工。"

海灵格说:"的确如此。现在你加入他们并找到自己的位置。"

当事人站在父亲代表的左边,并拉起那位一直站在公司代表面前的员工代表的手。另一位之前一直在大幅度抖动的员工代表站在她的背后,并把他的手放在她的肩膀上。那位之前插进来的股东代表倚靠着公司代表。

海灵格说:"父亲现在感觉如何?"

父亲的代表说:"感觉更好了。我会想要这个员工(之前站得靠近公司代表的那一位)远离主要顾客。我会希望这两者拉开一些距离,因为主要顾客看似要抢走我的东西。"

这位员工代表现在正站在主要顾客代表面前并背对着她。

这位员工代表说:"我对她的感觉非常强烈。我想待在这边,在靠近父亲的位置上。"

海灵格对父亲说:"这样你觉得如何?"

父亲的代表说:"变得更加虚弱了。"

海灵格安排这位员工代表跟其他员工代表站在一起,接着安排主要顾客代表跟其他顾客代表站在一起。

海灵格对父亲说:"现在你觉得如何?"

父亲的代表说:"比较好。"

海灵格说:"公司觉得如何?"

公司的代表说:"不太好。"

海灵格将公司代表带到主要顾客代表那里,两位员工代表再度走到当事人与父亲代表那里。

公司代表对主要顾客代表说:"你需要我。"
海灵格说:"产品觉得如何?"
产品的代表说:"比较好。"

顾客代表们走过去跟公司代表站在一起。公司代表握着主要顾客代表的手。一位员工代表拉着当事人进入这个群体,他们拥抱在一起。

海灵格对当事人说:"这是一间新的公司,它会继续下去。产品的感觉良好,员工们也是如此。"

海灵格走到那些跟金钱代表站在一起、并与其他人保持距离的股东代表们那里,询问他们的感觉。

第一位股东代表说:"不太好。"
金钱代表说:"很好。"
第二位股东代表说:"很好。"
第三位股东代表说:"很好。"

第四位股东代表说:"感觉有点困难。"

**海灵格带着股东代表们离开金钱代表。**

海灵格对当事人说:"这些都是负担。你知道这代表什么吗?他们全都得拿走他们的部分并退场,所有人都是。然后公司将恢复生机。这样清楚吗?"

当事人说:"是的,一清二楚。"

海灵格对所有代表说:"谢谢你们。"

接着,他对当事人说:"股东们想要白拿,那么他们必须离开。公司具有应对这种情况的实力。目前还好吧?"

当事人说:"非常好。"

海灵格对当事人说:"我们总算在这一团乱麻中找到了解决方案。它是从我们观察的那些移动中显示出来的。有一股正在运作的力量对这间公司充满善意。你就跟着这个移动——也就是侍奉——行动。祝你一切顺利。"

接着,他对团体的参与者们说:"这个例子显示出我们可以如何应对世界经济危机。那些不做任何事的人就不应得到任何东西。这样,每个事物都能以良善的形式侍奉生命。"

问题

### 妻子的继承物

海灵格说:"大家对此有任何问题吗?"

某位女士说:"我想知道,当丈夫想要支配妻子得到的遗产时,这里面的事物的序位会是怎样的?"

海灵格说:"哦,他们将会失去遗产。"

这位女士说:"这就是会发生的事情吗?"

海灵格说:"通常是的。"

这位女士笑着说:"你已经回答了我的问题了。"

## 谁是公司的所有者？

海灵格说："还有问题吗？"

某位男士说："我想知道，当一间公司被传给继承人时，其序位会是怎样的？我们都知道，许多公司是家族事业，那么当所有者将公司传给其后代时，序位会是怎样的？有些历经多代的公司还是可以继续存在。"

海灵格说："我们得看一下。你想到特定的公司了吗？"

这位男士说："我想知道通则。我听你之前说过'继承人通常不值得拥有他所继承的遗产'。"

海灵格说："这是真的。公司并不属于它的所有者，也不属于所有者的后代。它属于它自身所侍奉的对象。因此，要将公司传给最想侍奉众人的个体。我知道这个观点容易受到攻击。公司也不应被拆分给所谓的继承人们。"

当事人说："我可以问关于这一点的其他事情吗？"

海灵格说："等一下。"

海灵格对团体的参与者们说："你们了解我的意思吗？你们能够感受到吗？如果这样做，一切都会好起来。那些根据法律具有名分来继承部分遗产的人如果说'我们就把它留在这里，这是它应在之处'，那么他们当然就能拥有部分利益。这与工作同理，付出什么就获得什么。如果他们这样做了，就会获得比退场换现还要多的利益，因为公司会持续兴旺。

"我过去的确说过这样的话。你只要以内心去感觉这种情形对你而言是什么就好了。我会讲一个简单的例子。

"有人在自己美丽的花圃周边围了一道木头栅栏，许多人经过时都会欣赏这座美丽的花圃。请问花圃主人对于花圃的所有权有什么变化吗？

"当主人在它的周边筑起高墙时，请问花圃主人对于花圃的所有权有什么变化吗？花圃会想留在主人身边吗？里面的东西会长得好吗？还是说那些植物会枯萎？我们分享出来供其他人一起享受的每一件事物，必定兴旺。"

接着，海灵格对这位男士说："这个问题很好，谢谢你。"

### 辞职

某位女士问："在前面这个排列个案里面，如果公司的创立者辞职了，那么序位将会发生怎样的变化呢？"

海灵格说："他病得相当严重。他是为了侍奉这个公司而辞职的，这对公司有正面的效果。"

## 实例二：遗产，要还是不要？

（摘录自2008年8月19、20日在巴西库里提巴市的课程）

海灵格说："在这里，还有其他人想要做决定吗？"

某位男士举手并坐到海灵格旁边。

海灵格说："是关于什么事的决定呢？"
当事人说："关于家族的财产。我的父母在十八年前离婚了。后来我的父亲再婚，并对其原有的夫妻财产进行了分割，这是因为在他接收到的遗产中有一部分来自他前妻的父亲。所以……"

海灵格说:"说了这么多,但是没有能够做的。"

接着,海灵格对当事人说:"这一切到底是为了什么?谁想要什么?"

当事人又说了很多,并且持续地说,但没有重点。

海灵格说:"谁想要什么?"

当事人继续说了很多话,但还是没有重点。

海灵格说:"谁想要什么?请用一句话回答!当人们说很多话时,我不需要知道他们在讲什么,我知道他们正在隐瞒某些事情。"

接着,他对团体的参与者们说:"对于遗产,我要说的是'没有人值得拥有遗产'!那些期待遗产的人是在等待他人的死亡。"

海灵格对当事人说:"在争遗产的是哪些人?"

当事人说:"我父亲在第一段婚姻中的四个孩子以及在第二段婚姻中的一个孩子。"

海灵格说:"遗产是来自谁的?是父亲的还是母亲的?"

当事人说:"你的意思是什么呢?我相信这是他们俩的共同财产。"

海灵格说："是谁留下的遗产？你是第一段婚姻中的孩子还是第二段婚姻中的孩子？"

当事人说："第一段。"

海灵格说："这里面有秘密，非常明显。但我会讲一些关于遗产的事情。

"一位男士结婚，并与妻子生下了孩子。后来他再婚，也跟第二任妻子有了小孩。那么在这个人去世后，其遗产应该如何分配的确是个问题。

"通常，第二任妻子会要求接收遗产，第二段婚姻中的孩子也会要求分一杯羹。这是通常的状况。第一段婚姻中的孩子常被排除在外。

"但这样做会为第二任妻子与第二段婚姻中的孩子带来可怕的后果。后果相当可怕——我刚才已经说了——而且会祸延数代。

"我曾在著名的德国作家索玛斯·曼（Thomas Mann）的家族中追溯出这种例子。某位女性在撰写关于她的著作时，请我以系统化的眼光来审视她的家族历史。

"在索玛斯·曼的家族里，许多悲剧都源自一件事情，即索玛斯·曼的祖父没有给他在第一段婚姻中的孩子们任何东西，反而把一切都给了他在第二段婚姻中的孩子。

"所以，这里的阶级序位相当重要。第一任妻子与第一段婚姻中的孩子被排在前面。当第二任妻子以损耗他人的方式分配其丈夫的遗产时，会造成严重的后果。

"最简单的做法就是不去继承任何财物。每份遗产都带着重担，有时也会附带责任。例如，当某人继承了一间公司时，他就有了责任。也就是说那些事物是为了要延续下去而被交给继承人的。

"常见的情形是，继承人以自我为中心的观点对遗产抱持着期待与接受的态度，而这就是关键所在。当某份遗产是为了让它能侍奉生命而被接收的时候，它就是完美的遗产。

"我也看到过，那些争夺遗产的人通常比较关心遗产，而不是自己孩子的生命。他们把全部的焦点都放在遗产那里，他们是以自己孩子的生命来换取遗产。

"所以，不碰任何遗产通常是最好的选择！我们为自己赚取的一切是我们真正应得的，它们会留下来。我就说到这里。"

## 非血缘的亲子关系

　　海灵格说:"我们现在谈到非血缘的亲子关系,就像岳母、继父、继子、儿媳等。有些感受——有时甚至是期望与主张——会与这种关系有关联。从我的观点来看,非血缘的亲子关系在名义上是人为制品,在其中,有些亲子关系的本质消失了。

　　"我们只需要通过内在去感受,当某位男士在提到其妻子的母亲时,如果用'我妻子的母亲'来代替'我的岳母',或者用'我妻子的父亲'来代替'我的岳父'会有什么差别。相反,当妻子也以这样的方式提及其丈夫的父母亲时,丈夫会做何感想?

　　"更奇怪的是,当某位男士在提及妻子带来的她在前段关系中生下的孩子时,会使用'继子'或'继女'这样的方式来称呼。子女在原则上只会从属于父母，如果事情不是这样的，那么那位男士为何要涉入与自己完全无关的事情呢？

"然而，当丈夫或妻子的双亲在提及孩子的伴侣时使用'女婿'或'儿媳'的说法的时候，事情就完全不同了，因为这代表新事物正要到来。当他们的孩子与其伴侣变成父母时，他们就变成了祖父母。

"即使如此，从这种感觉及其伴随的敬意来看，当孩子的父亲在提及妻子的父亲就像在提及孩子的外公而不是自己的岳父时，一切将更美妙。这样将使所有有关联的人更自由，因为身为外公的他现在能以特别的形式与这个年轻的家庭联结并成为它的一部分。

"至于他妻子的母亲也是一样，她会成为他孩子的外婆。相较之下，丈夫在称呼她时若使用'孩子的外婆'会比使用'岳母'美妙得多。

"这样做将使一切都与最根本的事物保持联结，而不会使人有所期待并制造依赖倾向——那是重担而非侍奉。

"这样，父母、子女、祖父母、外祖父母、孙子孙女、外孙子外孙女等名义就能继续下去，并且一清二楚。"

## 实例三：是谁给的？

（摘录自2009年3月31日至4月1日在巴西圣保罗市的"成功法则"课程）

海灵格说："事情是怎样的呢？"

某位女性当事人说："我具有接受双亲遗产的资格，想去法院处理这件事。"

海灵格说："遗产是什么？"

当事人说："遗产是一间公司，那位应当将属于我的部分给我的人是我的兄弟。"

海灵格说："所以这是一个家族企业？它被传给谁了？"
当事人说："我的兄弟。"

海灵格说："你们中谁是最年长的孩子？"
当事人说："我。"

海灵格说："然而公司被传给了他？"
当事人说："是的。"

海灵格说："你的问题是什么？"
当事人说："我父亲在遗嘱上言明我的兄弟必须付钱请姐妹们退场。但是他没有那么做。"

海灵格说："你们兄弟姐妹几个？"
当事人说："包括我，总共有四位还活在世上。"

海灵格说："你的弟弟排名第几？"
当事人说："第三。"

海灵格说："老二是男性还是女性？"
当事人说："女性。"

海灵格说:"老四是男性还是女性?"

当事人说:"也是女性。"

海灵格对团体的参与者们说:"好,问题相当清楚。"

海灵格选出一位女士代表遗产,又选出了弟弟的代表以及三位姐妹的代表。他将他们按照年龄的顺序排列,让他们站在距离遗产代表五米的地方面对着她。

海灵格对团体的参与者们说:"现在让我们看看发生了什么事。"

没有人移动。

海灵格说:"我要再请一位女性加入。"

他选出母亲的代表,安排她跟遗产的代表站在同一条线上,两者相距约四米。

遗产的代表马上看向母亲的代表,并且转向她,慢慢向她走近。

长女的代表和次女的代表手牵着手向母亲的代表走近。身为老三的弟弟的代表则留在原地。小女儿的代表则向前走了几步之后又转过身来看着弟弟的代表。

海灵格对当事人说:"根据我们所看到的,这遗产属于谁?"
当事人说:"属于母亲。"

海灵格说:"她还活着?"
当事人说:"没有。"

海灵格说:"遗产是她的,它得佩戴她的名字。"
当事人的代表走向母亲的代表,她们拥抱在一起。

海灵格对仍在原地的弟弟的代表说:"你觉得如何?"
弟弟的代表说:"比较好了。"

次女的代表也走到母亲的代表那里,跟长女的代表一起拥抱母亲的代表。

海灵格选出父亲的代表,安排他站在母亲代表与弟弟代表的中间偏旁边一点的地方。

海灵格对弟弟的代表说:"对你的父亲说'我为我母亲从你那里接收遗产'。"

弟弟的代表大声地说了出来。

海灵格说:"带着爱说。"
弟弟的代表迟疑了好久,然后对父亲的代表说:"我为我母亲从你那里接收遗产。"

父亲的代表深深地呼吸并放松下来。海灵格安排他站在母亲代表面前。

海灵格对父亲的代表说:"告诉她'这是你的'。"
父亲的代表说:"这是你的。"

海灵格说:"'专属于你'。"
父亲的代表说:"专属于你。"

海灵格说:"也告诉你的儿子'这是她的'。"
父亲的代表说:"这是她的。"

海灵格说:"'专属于她'。"
父亲的代表说:"专属于她。"

海灵格说:"'我放弃它'。"
父亲的代表说:"我放弃它。"

海灵格说:"遗产觉得如何?"
遗产的代表说:"现在感觉非常好。"

小女儿的代表现在站在母亲代表的右边并拥抱着她,弟弟的代表慢慢走向母亲的代表。

海灵格根据手足的顺序将小女儿的位置排在手足的最末位,将儿子的位置排在第三位,将父亲的位置排在母亲位置的右边。当父亲的代表站在母亲代表的旁边时,他伸手拥着她。接着,海灵格将遗产的代表安排在母亲代表的面前。

海灵格对当事人说:"这样清楚吗?"
当事人说:"是的。"
海灵格对代表们说:"谢谢你们。"
接着,海灵格对团体的参与者们说:"关于遗产,我还要提到的就是'没有人值得或应得遗产'。能放下它的人就是自由的。接收遗产的人必须以它来侍奉,那样,遗产就会处在生命的侍奉之中。"

## 主题 七

**双重错置**

## 背景

　　在双重错置当中,感受是被移到别处的,而且那些感受通常都是相当痛苦、个体自认无力表达的感受。这些感受会被后来的人物或团体承担下来,他们并不知道发生了这种错置,所以会把它们当成自己的感受。

　　这个现象的意义在于这些感受正在寻找另一个并没有受到压迫的载体或个人,它或他不需要承担在自由表达感受时因压迫而出现的风险或即时的危险,因而能够不受限地表达这些感受,这种情形就是从某个主体跳到另一个主体的感受错置。以上是错置的第一部分。

　　是什么导致这种错置变成了双重错置?这些感受不仅在其主体

层面造成了错置，甚至在其对象层面造成了错置。这意味着，原本没有承受痛苦遭遇的某个人或某个群体现在却把这些情绪导向了那些跟原本的不公不义没有牵连的无辜个人或群体。

就如当初承受不公不义的人无法以任何形式保护自己不受加害者的影响一样，被迫承接这些感受的人就变成了毫无防备的被害者。

现在我要分享一个实例，它是日常生活中发生在伴侣关系中的例子。

某位女士跟她的丈夫一起参加自我觉醒的团体活动。她在第一晚就开着他们的车出去了，不见踪影，直到第二天团体个案开始不久后才回来，并且站在丈夫的面前对他说："我刚从男朋友那里过来。"

那位女士对团体里的人相当友善，但是她常对丈夫发怒，即使她的丈夫完全不反抗。团体里的其他成员不懂她到底怎么了。

之后，她的行为的背景浮现了出来。

在她还小的时候，她父亲会在夏季假日将妻子和小孩送到乡下，而他则留在城市里跟女朋友在一起。他有时会带着女朋友去探视妻女，而他的妻子总是友善地接待他们。

这样的行为在往日是备受赞扬的美德，但是在这位妻子的灵魂与内心深处会出现什么感受？她不敢表达的无助和愤怒会是怎样的？

这股压抑的愤怒后来被她的女儿——就是这位参加工作坊的女士——接收了。这是第一重错置。然而，这位女士也没有把这股怒气引向她的父亲，因为她也无力与他对峙。她把怒气发泄在困惑的、没有攻击性的丈夫身上。这是第二重错置。这样，她就变得跟她的父亲一样了——跟别的异性有亲密关系，并且在伴侣面前表现出来，完全不顾伴侣的感受。

像这样的双重错置也会发生在公司或组织里吗？当然会。例如我们在某些竞赛、某些人权组织、某些和平示威活动或某些理念受到污染的特定机构中都可以看到。它也会被散播出去，例如在一对男女之间的关系中，这个女性会表现出对过去众多男性对女性所做之事的反抗。先前世代的女性身上所压抑的愤怒，会被她们的女性后代承接并发作在她们的男人身上。这种深远的影响现在会变成怎样？我们可以从下面的实例中看出来。

## 实例：中国男女的双重错置

（摘录自2009年6月14日至16日在香港的"成功法则"课程）

海灵格对某位女性当事人说："你议题里的这个企业是做什么的？"

当事人说："是做教育的，已成立12年了。"

海灵格说："这个企业是你的吗？"

当事人说："对，是我创立的。"

海灵格说："目前有多少孩子在那里接受教育？"
当事人说："我不知道。"

海灵格说："你目前有多少个员工？"
当事人说："200个。"

海灵格说："难怪你不知道确切的学生数量。你的问题是什么？"
当事人说："我想让社会大众注意到一些关于教育的特定洞见。我想看到这所学校的未来，以及应如何改善它跟社会大众的关系。"

海灵格说："这所学校的未来要仰赖谁？"
当事人说："仰赖其他人。"

海灵格说："仰赖哪些人？"
当事人说："仰赖那些对于生命有些了解的人。"

海灵格说："这所学校的未来完全仰赖这些儿童的家长。他们被包括在内吗？他们完全被包括在内吗？"
当事人说："这所学校的未来需要仰赖那些母亲。"

海灵格说:"无论如何,你必须得到父亲们的支持。"

在当事人想回应时,海灵格说:"等一下。"

接着,他对团体的参与者们说:"我要引出一些被隐藏的事情。我们可以从她的反应看到,她想把父亲们排除在外。"

他又对当事人说:"未来会在哪个方向?"

当事人说:"我不知道。"

海灵格说:"你当然知道,每个人都知道。这所学校的未来取决于孩子们的父亲。"

接着,他对团体的参与者们说:"我们要不要看得更清楚一些呢?"

参与者们表示同意。

海灵格说:"做法相当简单。"

海灵格选出一位女士代表未来,并安排她站在某处。接着,他在她的对面安排了一位父亲们的代表,又选出一位女性代表母亲们,并安排母亲们的代表站在父亲们代表的左边。未来的代表只看着父亲们的代表。

海灵格对当事人说:"未来看向哪里?"

过了不久,当未来的代表显得不耐烦时,海灵格说:"我们都清楚地看到了。"

接着,他对代表们说:"谢谢你们。"

参与者们大声鼓掌。

海灵格对当事人说:"对你来说,这应在意料之外。你的工作已经取得了许多好的成果,你也将在这个领域里获得成功。所以如果你想成功,会如何从这里开始呢?我现在讲话的样子像个老师。"

当事人微笑着表示同意。

海灵格说:"你要做的是引导母亲们去尊敬她们的丈夫。这不是一个轻松的任务。"

接着,他对团体的参与者们说:"我会在这里做示范。"

海灵格选出一位女士,请她以代表的身份站着。接着他选出十位女士并安排她们紧密地在第一位女性代表的背后站成一排。

海灵格在当事人笑出来的同时对团体的参与者们说:"现在要相当严肃。"

接着,他对第一位代表说:"你背后的女士们代表着曾经因她们的男人而承受许多痛苦的中国女性。转向她们。"

过了一会儿,他说:"告诉她们'我看到了你们'。"

第一位代表说:"我看到了你们。"

海灵格说:"'在我心里有块位置是属于你们的'。"

第一位代表说:"在我心里有块位置是属于你们的。"

**那位代表勉强地站着。**

不久之后,海灵格说:"告诉她们'请帮助我以不同的眼光看待男性'。"

那位代表说:"请帮助我以不同的眼光看待男性。"

海灵格说:"好使他们也能学习如何以不同的眼光看待女性。告诉她们'我会带着你们进入另一个未来'。"

那位代表说:"我会带着你们进入另一个未来。"

海灵格说:"'那是女性与男性共有的未来'。"

那位代表说:"那是女性与男性共有的未来。"

海灵格说:"现在转过来,体会她们站在你背后的感受。"

海灵格将她转过来,并安排三位男士并排站在她面前。

海灵格对第一位代表说:"看着他们。"
第一位代表说:"他们看起来好美。"
海灵格说:"这是你的第一个发现。"

海灵格请身为学校董事的当事人站在这位代表的旁边。
她握着这位代表的手并跟她一起走到男士们那里,他们相拥在一起。接着,当事人独自退后。
海灵格选出两人来代表学校的学生们,他牵起他们的手并把他们带到男士们那里。这两个代表与男士们温柔地相拥在一起。而当事人自己仍跟他们保持了一段距离。
海灵格将两个学生代表带到那些压抑的中国女性代表们那里。她们看着他们并痛哭着。接着他带着其中两位中国女性代表到男士们那里,他们就相拥在一起。女士们大声哭泣。这两位中国女性代表转向其他女士并向她们伸出手,好使她们也能靠近一点。

正当这些女士迟疑的时候，当事人以手牵着一位男士走到那些留在后面的女士那里。当事人注意到在这些女士当中有一位哭得相当大声，然后她牵起那位女士带着她走到男士们那里。接着，那位女士突然停止哭泣，并转身面向仍停在远处的那些女士。

当事人背对着那些仍留在后面的女士站着，好像她希望保护她们不受男士们的影响。

一位和男士们站在一起的女士对当事人喊道："鼓起勇气，回到这里来。不然我们是没有机会的。孩子们也是属于男人们的。鼓起勇气，给自己一个机会。我们是在一起的。"

一些留在后面的女士宁愿待在原处，也不愿走向男士们。当事人想用手牵起她们，但是被她们拒绝了。刚才那位女士现在向她喊道："回来。让她们去面对自己的命运。你是属于这里的，跟我们在一起。"

不久之后，海灵格说："我们就做到这里。"

接着，他对代表们说："谢谢你们。"

然后他对坐回他身边的当事人说："你知道刚刚发生了什么吗？那是一场文化层面的革命。现在你知道学校的未来会在哪里了。祝你一切顺利。"

## 说明

　　海灵格对团体的参与者们说："我必须向你们解释这次排列个案所揭露出来的背景。这种情况不仅发生在中国，在世界上的其他地方，也有许多女性承受过大量来自男性的藐视、压制与暴力。她们的命运直到现在仍在被影响，即使被牵连的人——特别是女性——对此并无觉察。这一切会对男性与女性的关系造成深远的影响，无论是伴侣关系、亲子关系还是在商业场所或大型组织中的关系。我们要承认的是，男性仍在歧视女性，并以许多方式羞辱、拒绝她们。所以现在仍有许多女性会真实地感到被羞辱。

　　"无论我们的时代如何变化，这些来自过去的被压抑的女性的命运始终在影响着我们。这种影响大多是以潜意识的形态存在的。

即使是现在的伴侣关系，也会被影响。

"我个人对此观察到了什么？我在几年前发现，双重错置的动力仍在许多关系当中运作着。对于女性而言，这意味着什么呢？

"许多女性在自身灵魂中感觉到自己与自身家族女性的命运有着深远的联结，而时间可以追溯至族长制度盛行的时候。她们感觉到了这些女性的感觉，比如压抑的愤怒、伤痛、无望改变自身命运的感受等。即使她们知道自己活在不一样的状况里，具有能够改善人生的更佳选择并且在个人层面没有产生这些感觉的理由，她们仍隐秘地从那些女性那里接收这些感觉。这意味着，过去的女性所压抑的感觉被她们毫无觉察的后代接收了。这是第一重错置，也就是过去的女性所拥有的感觉被错置到毫无类似理由的后代身上。

"而这些后代对于这些感觉的接收变成了悲剧，因为这些感觉事实上想被表达出来，但是它们无法被表达在应为此负责却早已过世的那些对象身上。而在更深的层面，即使是在这些女性后代身上，那种无法联结男性祖先的无力感仍在运作着。这些愤怒与无望的感觉在各方面被现代女性以某种安全的方式朝向现代男性表达了出来。也许那是一种明显的距离感，但通常，这些感觉会在毫无相称的理由的情况下被大声地表达出来，表现为对自身丈夫的敌意。这就是第二重错置。来自过去的感觉被错置到当今的男性身上。再提醒一次，这种过程大多是无意识的。

"问题是，这样的男性在跟妻子的关系里会有怎样的际遇？他们的本来面貌能被她们看见吗？换句话说，她们看到的是跟自己的丈夫毫无相似之处、毫无关联的其他男性吗？

"我们已在这里看到，在侍奉众人的爱中，这样的双重错置是如何被揭露并解决的。我们同时看到，双重错置也能在公司里面运作并对众人造成伤害。它可能是'公司没有未来'的原因之一。

"现在想想，当这些深层理由被纳入考量的时候，那些伴侣关系会有怎样的未来，那些孩子会拥有怎样的幸福生活？想象女性被允许站在与男性平等的位置上，想象女性看到许多男性愿意以平等的态度看待自己，想象男性与女性能同时看见并尊重彼此的不同。"

# 性与死

（摘录自2009年9月4日至11日海灵格在西班牙巴塞罗那的密集训练营中的演讲）

性对抗死亡。性所认定的首要事物是什么？死亡。性想要克服什么？死亡。

性与死亡紧密相连。性最消耗生命，那些多次经历死亡而存活下来的个体才能活下去。

我观察到了一个奇异的现象：谁更看重生命？谁更能引领人们走进生命？是男性还是女性？我可以非常确定地说，是男性。男性主要是支持生命的。谁会把孩子从死亡那里救回来？男性会抢先做这件事。

另一个奇异的观察结果是，女性对死亡比较亲近。我不知道自己是否被允许说出这一切我看到的意象。你们可以检视自己的内在活动。我会用比较极端的方式来呈现它，即女人比较关注的是孩子的死亡，而不是孩子的生命。因此，孩子们在父亲身边会比在母亲身边感到更加安全。

以下是表面的观察。女性在生命中会比男性遭遇更多危险，例如因为性而流产。女性与那些失去的生命所形成的联结与男性大不相同。因此，那些以生命为代价的损失使女性与死亡联结的紧密程度大于与生命联结的紧密程度。

你们能感受得到吗？这是女性内在的移动，是基本的事物。

### 延续：以死亡为代价的生命

我想讲一些与死亡有关的其他事情。性具有应对死亡的功能，它是人们对抗死亡的努力。

人们为什么想要拥有孩子？他们为什么一定要有孩子？因为人会死去，而孩子可以延续生命。在以前的时代，没有孩子的人最后都消失无踪了。所以，孩子除了确保人类不会灭绝，也使人们在其后代的生命中继续存活了下去。

然而，孩子的生命与双亲的存活有时会以其他家族成员的死亡为代价，对于女性而言更是如此。因为生命的传递会与生命所遇到的威胁以及女性个人的生命所遇到的威胁紧密相连。女性也会因为自身携有的某些生命已经死去,而与死亡产生联结。例如,当某个孩子在母亲的子宫里死亡,或者母亲希望这个孩子死亡的时候,母亲通常会有"我会在这之后过得更好"的想法。母亲为自己的存活牺牲了某个孩子。生命与死亡在此处紧密相连。

**远离生命、朝向死亡的内在移动**

在我们的内在也存在着一个走向死亡的影响力领域,那个影响力领域就是我们的良心。

当某位女性失去或"杀掉"某个孩子时,她也会受到孩子之死的牵引,感觉到内在有种要跟孩子走的冲动。

在这里,有另一个想法在发挥作用。身为男性的我不能宣称自己知道很多或能讲很多,毕竟我无法拥有像女性一样的感觉。我参考的几乎都是自己在排列个案时的见闻,当然还有我的妻子索菲以许多方式为我解释的事物。

在这里,有个想法在明显地发挥作用。女性在流产时会失去身体的一部分——有些女性是这样看的。那么她们会以许多方式尝试拿回自己所失去的事物,比如借由特定的妇科疾病(这是我看到的意象)。这样看来,子宫肌瘤也许象征着某些被失去的事物。

因此,女性会受到许多形式的牵引以朝向死亡移动。毕竟那个想法就是:它将我引入死亡。

然而你们无须绝望。那只是一开始时的情境，而真正的问题在于：还有别的路吗？

首先，让我们再次回到良心这里。在女性身上发生的一切大多与良心有关。例如当一位女士以许多方式责备自己的时候，可以说那是她想除去罪恶感的表现。从罪恶感开始，女性会出现一种内在运动，其目的是达到跟那位早夭或被堕掉的小孩一样的状态。这是为了减轻罪恶感，但是是以生命为代价的。因此，这些源自罪恶感的移动或自我惩罚都是朝向死亡的移动。

所以，这一切都是在对抗生命，也是在对抗性的目标。

创造生命的性原本是在侍奉生命，在这次移动中却转向了相反的方向。结果就是性被中止或拒绝，不再被带入生命的移动之中。

还有很多其他的情形，例如妻子不再与自己的丈夫往来，是因为她认为他得为那些使她接近死亡的事物负责。

**生命的移动**

现在，我们都被良心缠住，深受良心的影响。我们在许多排列个案中都可以看到这种情形。最重要的是找到战胜死亡的力量，即生命之力。它以多种形式来避开朝向死亡的移动，好使我们能从那些移动中解脱出来。

我们要让死者安息。在这里，死者是指那些与性相关的所有死者，即那些没能出生的孩子（无论什么原因，即使孩子的母亲和父亲都觉得该为这孩子的死亡负责）。

有一件事，我需要说得十分清楚。生命会消耗生命，生命可以继续下去是因为其他生命的死亡。我们所吃的食物是已死的。我们借由其他生命的死亡而活着，这是生命的法则。许多生命必须死去，好使一些生命能够继续下去。

我过去从未这样表达过。我信任并跟随自己内在的指引，并且知道自己在某个范围之内移动着。

我们在工作中遇到的很多问题都与某个事实有关，即有人想要加入死者的行列。我现在以相当极端的方式将它表达出来：我们没有认识到，那些为使其他人的生命延续下去而牺牲的死者，是希望其他人能够活下去的。他们的死亡侍奉着生命。所以，若要跟死者一致，正确的移动应是让他们安息、承认他们的死亡。

但我们常因罪恶感而无法那样做。其实这里不需要我们的罪恶感。对我们而言，光是看到"自己借由他们的死亡而有所收获"就已足够。我们想为这样的利用支付代价，但应该用什么支付呢？用死亡支付，这是平衡法则的运作。

我们应如何走出这会将我们卷入死亡的漩涡？以顺着灵魂的移动为形式的家族系统排列能为我们指出可行之路。我现在以静心冥想的方式带你们经历这个过程，好使你们能从自己的内在体验它。闭上眼睛，然后我们就能从内在开始。

**静心冥想：决定性的一步**

我们在身体与情绪中感受自己是如何受到某些死者的牵引的，我们感知到在想法与感受里有许多抓着我们不放的死者。我们感受到他们将我们拉向他们，将我们拉向死亡。

在这样的情形下，我们也感知到另一种移动。这些死者想要在我们的内在活着，而非死去。他们朝向自身死亡的移动没有成功，我们也无法自行从他们那里逃脱。

现在就是那决定性的一步。我们向前看，只思考在我们面前的事物，我们活着也只为了前进。我们从自身原有的皮相中溜出来，从属于死者的老旧皮相中跨出来，并向前走入完全敞开的世界。我们移进另一种维度，顺着生命的创造性移动不断地前进，走向这一切——更多的生命、更多的健康、更多的喜悦、更多圆满的爱。

现在，被我们留在身后的死者在做什么呢？他们总算都瞑目了。

## 后记：如何成为好的企业家并保持下去？

第一，拥有并供应那些可以侍奉他人的事物。人们越需要，你所供应的事物就越重要。在这样的情形下，你在通往自身成功的道路上将不再有阻碍。

什么样的品质可以用于定义企业家呢？他们拥有人们需要的事物，而且他们使这些事物可被人们取得。他们拥有越多人们所需要的事物，他们的名望就越高，他们就越成功。结论就是，企业家是来侍奉的。他们的服务越重要，他们的影响力就越大。

第二，企业家需要助手。他们必须吸引员工前来教育他们、训练他们，这样，他们所供应的事物才能被以最佳的方式制造和销售。

所以，无论他们供应何种事物，他们都必须制造和销售。

第三，企业家必须居于领导地位。他们借由自身的理念来领导，借由自家的产品来领导，借由销售以及伴随销售而来的一切事物来领导。

第四，企业家会面对竞争。他们借由竞争来改善自家产品。借由这个过程，那些需要产品的人会受到更好的侍奉。

第五，企业家保护企业不被侵占，从而保障企业的安全。他们要保持自信与自立的态度。

第六，企业家知道他们要仰赖那些自己必与之合作的人。他们知道如何找到这些人并把他们留在身边。

第七，企业家喜爱他们的成功，成功使他们感到快乐。当企业家感到快乐并表露出来时，其员工与员工的家庭成员也都会感到快乐。

第八，企业家与众人形成相互支持的社会团体。他们知道众人的幸福取决于他们的成功。他们借由众人对自己的协助来增大成功的可能性，以此来保障众人的生计。

第九，企业家会适时将企业交给合适的继任者。他们让继任者有充足的移动空间以达到自己的成功，但他们继续保有企业的灵魂。他们的良善灵魂仍活在企业里面。

第十，企业家需要跟随企业的进展，这是企业家必须接受的事情，即使这种进展不符合他们的理念。企业终将被时间接掌。他们应把企业交给时间，并以良善的意念跟随着企业前行的脚步。